森俊夫ブリーフセラピー文庫②

効果的な心理面接のために

サイコセラピーをめぐる対話集

森　俊夫
黒沢　幸子
児島　達美・田中ひな子
遠山　宜哉・山田　秀世
西川　公平・吉川　悟
著

tomi shobo
遠見書房

はじめに

二〇一五年三月十七日、森先生は五十七歳で亡くなられました。病気の発見から半年足らず。食道がんでした。

森先生から、桜を見るのは厳しいかもしれないとの告知内容を打ち明けられたとき、私は「で、どうしたい？何ができる？」と尋ねました。本当に根っからの解決志向です。森先生は、心理療法について、その本質や今の到達点など、私を含む「同志」と語り合い、それを本にしたいと希望されました。ふむ、面白そうじゃない!? 森先生はそれを自ら「森俊夫・生前追悼対談集」と銘打ちました。まったく、森先生らしいノリです。私は早速、遠見書房の編集部に企画のご相談をしました。

そこでまずできたのが、この本の第1巻にあたる『森俊夫ブリーフセラピー文庫①心理療法の本質を語る――ミルトン・エリクソンにはなれないけれど』でした。二〇一五年九月十五日の発行です。この本は、森先生への心理臨床や心理療法などに関するインタビューを黒沢らが行うという体裁になっています。森先生が飾らない言葉で率直に自身の心理療法についての考えや実践が語られているとても〝らしい〟いい本になりました。

一方、本書（第2巻）や本書の後に刊行される予定の第3巻は、どちらかといえば、森先生自身がインタビュアーとなり、自らが信じる心理療法をともに創ってきた「同志たち」との対談や鼎談が中心となっています。

インタビュアーとしての森先生は、じっと頷きながらにこやかに微笑んでいる……わけもなく、煙に巻いたり、丁々発止のやりとりを繰り広げたり、突っ込みを入れまくったり。当然、ボケもありです。二〇一五年の一月から二月までのかなり短い時間に、北は北海道から南は九州・熊本まで、皆さんに手弁当でご足労いただきました。集まっていただいたのは、児島達美、白木孝二、田中ひな子、津川秀夫、遠山宜哉、中島央、西川公平、東豊、山田秀世、吉川悟といったこの道を代表する面々です。それと、東京大学医学部保健学科の森先生の教え子たちがたくさん集まってくれました。また見舞いにきた関係者も同席していたりします。これに時間がある限り黒沢と編集者も参加しました。

本書の対話が行われたのは、森先生が入院されていた杏林大学附属病院（東京・三鷹）や、一時退院した折のＫＩＤＳカウンセリング・システムのオフィス、あるいは森先生のご自宅でした。最初のころは入院中で大変具合が悪いことも多かったのですが、このインタビューを始めてからだんだんと良くなりました。もちろん各種医学的治療の成果でもあるのですが、やはり人薬、心理療法は効果があるんだなあ、などと思ったりもしました。もちろん限界もありますが。

残念なことに、この対談の原稿を森先生が生きているうちに目を通すことができませんでした。校正に関しては、対談相手となる各先生方にじっくり吟味をしていただき、編集部に目を通してもらった後、私、黒沢にチェックが委ねられました。多くの赤字を入れたわけではありませんが、よくわからない表現を改めたり、間違いを正したりしました。また、この巻の「解説」を書いていただいた元永拓郎先生（帝京大学）には、森先生の一番近しい同門としてこの校正を読んでもらい、いくつかの示唆をいただきました。インタビューや座談会に協力してくださった先生方に、森先生の分も含め、深くお礼申し上げます。

さらに、この場を借りて、このような大変な状況のなかを支え続けてくれたＫＩＤＳのスタッフ、ならびに関係者にも心より感謝申し上げます。

最後に、森先生の限りある貴重な時間を分けてくださった奥様と、二人のお子さまにも感謝の念でいっぱいです。誠にありがとうございました。

二〇一六年霜月　黒沢幸子

目次

効果的な心理面接のために
サイコセラピーをめぐる対話集

第１章　枠――演劇と心理療法

吉川　悟×森　俊夫×黒沢幸子

――心理療法の本質を語ろうというテーマなんですが、自由気ままに話していただけたらと思います。

森　じゃあ、日本ブリーフサイコセラピー学会の設立趣意書にのっとって（笑）。

吉川　忘れちゃったな、もう（笑）。

森　流派を乗り越えて、効果性、効率性、短期化を達成するのはなんぞやという話を議論しようじゃないかと（笑）。

吉川　森先生にぜひお聞きしようと思ったのが、なぜ設立趣意書を書いてから数年で、臨床がうまくなった？ということです。演劇があるのは知っているんですが、どうやってうまくなったのかなと。

森　数年で？

吉川　早かったですよ。ブリーフの学会の趣意書を書いたのが多分一九九〇年だったと思うんです。初めてお会いした一九九〇年のときは、まだ臨床って深まってなかったでしょう。

森　皆さんのような臨床はね（大笑）。領域が違うところで過ごしていたから。

吉川　そうですね。皆さんの領域の中に入ってきて、なんであっという間にうまくなったのか、未だにすごく不思議なんです。

森　どうかな。領域は変わったけれど、自分としてやっている仕事やベースは何も変わっていないのよ。

心理療法は演劇だ

吉川　前も舞台がクライエントだみたいな話を聞いた覚えがあるんですが、それをどうやって複数の対象を、個人なり、任意の、ある種の集団ですけれど、そんなきっちり切り替わるんですか？

森　同じやもん。

吉川　同じやもん?!　そこがね、実は裏があるだろうって、ずっと思っていたんです。

森　裏って例えば？

吉川　先生独自の切り替え方みたいな。もともと演劇の中で大事にしてらっしゃったことが、心理療法も同じなんだという話ですよね。何が同じなのか、実はそこが知りたい。

森　何が同じかといったら、『ブリーフセラピー入門』の最初に書いたやん（編集部注＝宮田敬一編集、金剛出版刊行、一九九四年。本シリーズ①冒頭に収載した）。

吉川　宮田先生（編集部注＝敬一。元大阪大学教授。ブリーフセラピーの日本での発展に貢献した。二〇一一年に逝去）の編集の本の？

森　そう。

吉川　ありましたっけ？

森　あれが私の原点で、あれから何も変わってへん。

――どうしてうまくなったっていう印象があるんですか？

吉川　森先生の元々やってらっしゃったことと、方法論的にエリクソンはどこかアクセスしてるのかなという感じは、僕の勘としてある。きっとエリクソンは、最初のころすごい読み込みはった気がするので、それがどう結びついてどう実践に反映しているのか気になった。

森　「発想、定義、見知らぬ人間がある場所に集まる、何かをする人とそれを観る人がいる。彼らは一定の時間をそこで共に過ごす。肉体そのものを媒体にコミュニケーションを行い、その中で何かが起こる。そして別々の岐路につく。これは演劇行為の本質であり、また他の芸術的行為から演劇を隔てる特性でもある。そしてこれらの本質なり特性が心理臨床のもつそれとほとんど重なりあっていることがわかるだろう」と（前掲書、森論文の一節）。

吉川　いや、わからない。それがわからない。どうしてそれが重なると先生が思うか？

森　だってある場所に、見知らぬ人が集まるやん。

吉川　確かに集まりますよ。

森　なんかするやんか。コミュニケーションするやん。体、使うやん。ほんで終わったら帰るやん。

吉川　だけど帰って、そこの場面のことの前にも、そこに来るまでにもいろいろあって来るわけですよ。そこの影響を確かに持って帰るけれど、だけどそこで何が起これば来る前と後で、そんなに違いが起こるかというのが、多分演劇の中の本質と心理療法って違う気が僕はする。

森　私は同じじゃやと思う。目的は違うよ。何をどう変えるのか、それは違うと思ってる。だけど人がなんか集まってきて、そこである非日常的時間をしばらく過ごして、そこから出て行ったときに、今、治療者としては、俳優としてもそうかな、演劇人としても、ちょっとなんか劇場に足を踏み入れた時とは、何かが変わっているというようなことが起こったら嬉しいなと思ってやっているわけよね。

吉川　そうしたら演劇の何かとは、いわゆるこちらの側の何かをつくりだすことでいいわけですよ。こちらの側が意図した何かが。

森　はあはあ。

吉川　でも臨床っていうのは、向こうの側の何かにならないと意味がないんであって、僕はそこがすごく違う感じがする。

森　それはだから「旧劇」の話なのよ。「新劇」って言ってもいいかもしれない。我らみたいなアングラ演劇とは違う。一世代前の伝統的な演劇だと、こちらから何か伝えるものがあって、基本的にはシナリオがあって、俳優を使ってシナリオをどう再現していくのか、ましてストーリーを作り上げていくというのが演劇行為。俳優は与えられた役をいかに、心理療法で言うと受容的に、そして同一化して再現をする。あたかもその人であるかのように。

吉川　わかりますよ。でも、先生がやってらっしゃった旧劇ではない劇の目的性って、こっち側に意図があるわけではない。

森　ない。

吉川　どういうことなんですか。何をターゲットにどういうことを意図する？

森　俳優を見せる。

吉川　俳優を見せる。

森　それだけや。俳優を見せるというのと、俳優が動いている空間と時間を見せる。そこにある種のメッセージを組み込んでもいいけれど、そのこと自体が一番重要なことではなくて、そこで俳優が何をし始めるのか、こっちがこの俳優を面白いな、こいつ今度舞台で使ってみたい、こいつにこんなことをさせてみたら何が起こるのかというのが楽しみになってくるようなやつを集める。

吉川　じゃあ集めるということは、そういう俳優を先生が観客として見て集めるという意味ですか。

森　劇団員として、演出家としてあるいは劇作家として。次の公演を考えるとき、まず俳優がいるわけよ。

吉川　それはわかります。

森　で、こいつに今度こんな役をやらせたい。あるいは何か別の刺激を聞いたときに、この感じをあいつに当てはめたらどんなことが起こるのかって、普段からそうやって生きているわけよ。

吉川　なんとなくわかってきた（笑）。

森　そんなことを考えて、いろんなピースが出てきてくるわけやね。だいたい半年に一回そのピースが全部集めて固まって、それが公演になる。そしてスーッとチャーッとそのピースがつぶれてなくなって、またポタポタポタポタとピースが集まってくる。

吉川　ピースを想像しているところが心理臨床なんですか。それとも集まって公演したところが心理臨床？

森　全部やね。

吉川　両方なんだ。

森　そうやけれど、この本（宮田編集の本）で主にメタファーで演劇のことを持ち出しているのは本番のことを言うている。稽古のことも少しは触れてるけれど、その本番の二時間ちょいくらいの時間の中で何が起こるのか。芝居って何か必ず起こる。でも劇場の中でとどまっていたらしょうがない。

吉川　わかりますよ。それは、持って帰ってもらわんとね。

森　どうやったら日常までもって帰ってもらえるか。そういうことを起こすためにはどんなことを起こさないといかんのか。そういうことにずっと取り組んで、そのことばっかし考えてきて、ほんでこの心理臨床の世界に入ってきた。何も変わらへん、同じやな～と思えた。

吉川　同じとは思えないんだな～。例えば公演があるとき、このテーマでこんな公演しますよとアピールをしたら人が来るわけですよね。それが窓口になるんだろうと思うけれど、その時に来る側はそれに意味があるなり、意図があるなり、なんか面白いなり、向こう側のモチベーションも生まれるわけでしょう。それと、どうアクセスするか、そこで起こっていることそのものなんだということは僕よくわかるんだけれども、どうしてそれが心理臨床とオーバーラップしていく形になるのか、すごくわからない。

森　全然違うもんよ。演劇と心理臨床はね。全然違うもんだけれども、私がこの活動をやっていくとき、特に自分の頭の発想とか、あるいは大事にすべきこと、興味をもつべきこと、逆にこのことはどうでもええと、逆に捨てなければいけないことなどなど、そのポイントの重きが全く一緒とは言わないけれど、ほとんどの部分で何も修正する必要がない。

吉川　森先生が演劇の演出家の視線であっても、アクターの視線であってもね、来て目の前にいる人たちとの間で何かが起こって、それこそ来たときと違った状態でなんか持って帰る、それに意味があるという形の作業をしているという意味では心理臨床って同じだろうと思う。特にブリーフは同じだと考えていいと思います。ただそこで起こすことそのものは何でもいいと、本当のなんでもいいと言っちゃったらエリクソンのもとの話に戻っちゃう。ホントの何でもいいはないだろうと思うんですよ。

森　もちろん。

自由に枠を考えること

吉川　ねえ、その違いをどうやって乗り越えはったのか。そこが僕には一番よくわからない。
森　ああ、なるほどね。
吉川　そこでなんか起こすことで変化を起こしましょうと、これは趣旨じゃないですけれど、なんでもかまわんと思っている。そこはＯＫだろうと思っていますが、どこをどう触るのか。別に理論に裏付けされているかわからないですけれど、他の一般的な心理療法からみたらエリクソンってもっと自由度高いわけですよ。変えるべきところって、もっとあるじゃんみたいな話になって、どこを変えたってかまやしないじゃんという枠になる。でもどうでもいいところを触ったって、その人たちにとっては何の意味もないわけです。そこをどうやって、定められるようになったのか。すごく僕は不思議なんです。
森　どうやってなったんやろうね。
吉川　（笑）なぜそう思ったかというと、僕はトレーニングしていてもそうですし、ある程度の臨床家で臨床ができる人たちとやりとりしていてもそうなんですけれど、そこを読みとくコツとか、そこが理解できないというのはすごく大きい。
森　見立ての話？
吉川　見立てというか、見立てる以前の頭のこと。ノンデレだったらノンデレ、ＣＢＴだったらＣＢＴ、ある拠って立つ見方をすれば、なんかわかった気にみんななると思うんです。ブリーフもそう。でもそれって偏っていますよ。自分の中でわざわざ柔軟性を捨てる話になるわけです。だから森先生みていると柔軟性から先に入っている感じがする。それをなんで間違いないところに納められる形になったのかというのが、すごい不思議。

森　なんでやろうね。

吉川　（笑）僕の中でなんで複雑なのかと言ったら、先生また嫌な話になるかもしれないけれど、最近東（豊）の教え方みていると、これは誰でもできると思う。なんでかと言ったら彼が全部ある方向付けの中で必ず変化が起こるところまで枠をピシっとはめちゃうから。学生がやることって一個しかないんですよ。ヘンな言い方だけれどどこれやっときゃ、必ず変わるわ、みたいな形まで枠はめてる。その枠の中で必ず変化を経験できるようになってるから。でも、そいつらが一人でやり始めたら何もできなくなってしまう。自分で枠をはめる作業が要るということがわかるまで、惑い続ける。結局それも今の話と同じで、使いやすいものがあってこそ、という枠と同じだろうと思うんですよ。ＣＢＴならＣＢＴでも。その幅を広げておかないと、こっちが不自由になったら、広げるために何でも使っていい。でも、枠がちゃんとはまっていないとまずいと思うはずなのに、なんで森先生はそこをサラサラと通り抜けはったのかなと、それが僕は一番、ずっと気になっている。

森　答えになっているかどうかわからないけれど、私は順番はけっこう大事やと思ってる。まず芝居が最初にあって、それから心理臨床、まあ精神科臨床の方に移ってきたという順番が。最初精神科臨床があって、それからちょっと演劇的なことに魅かれて活動を始めたというなら高良聖（編集部注＝明治大学教授でサイコドラマを得意とする）になっていたかもしれないね。

吉川　なるほどな。それはよくわかりますね。おっしゃりたいことよくわかった。

森　それなんで私の中に心理臨床、精神科臨床に関して、もともと枠はないんですよ。

吉川　でもそれは芝居的なところから精神科臨床という枠の中で、最低限この枠は使った方がいいな、これはいらんな～と。例えば精神病院という枠はいらんなと、多分先生捨てたんだろうし。やってみたら向こうのニーズというのがなるほど、それこそ表面上のものだけじゃないんだなということは取り入れてるし、その取捨選択を精神科臨床の中でやったって考えていいんですか。

森　それやった。それ大事やね。

吉川　そのままの物をまるまる受け取ってじゃなくて、元になっている演劇の枠組みの中でその世界のものを見直してみるみたいな形になっているでしょう。

森　そう、ブリーフって何なんやって、学会つくってみんなで考えてきたのと同じように演劇の中で大事なことってあるわけやないすか。どっちかというと一人の作業で、劇団員の中で演劇行為とは何ぞやって、私は理屈っぽい方だから、理屈としてもどっかにきちんと落とし込んでおかんとや。

吉川　自分の中に。

森　これはこうですと。聞く人にも説明できるようになっておかんと自分が落ち着かん。一つ一つやっている。本にも劇場空間とは何だというのから、俳優と観客の関係はなんだと、一つ一つ細かい文章があるのよ。

吉川　覚えていますよ。

森　そういうことで一つ一つ自分の中で片つけていくという作業を十年間やってきたわけやね。

吉川　その十年って最初の十年っていう意味ですか。臨床をやり始めてから十年という意味？

森　大学一年生から十年。演劇の話や。

吉川　そういう意味のね。なるほど。

森　大学に入って私、芝居しかやってないから。

吉川　そこまで僕は知らなかった。そうなんだ。
森　私は大学入ってから、芝居と女しかやってないから。でも芝居では食っていけないので、ちょっと諦めたわけね（笑）。それで医学部なんて行くつもりなかったし、最初の専攻希望の地球物理も芝居やっていたせいで頭が一〇〇パーセント文転してしまって。
吉川　そうなんだ。
森　本当に数字読むのもイヤ。文系の人ってこういう感覚かって（笑）。それでドイツ語科に専攻希望を出したら落ちたんで、しょうがないから医学部保健学科に行った。
吉川　ドイツ文学を考えていたのは演劇をベースにしてということ？
森　もちろん。ブレヒト研究（編集部注＝ドイツの劇作家・詩人）をやろうかどうかって。それでたまたま医学部に入ってきた。でも頭が文転しているから、つまらないのよ。理系の文章って基本的にワンワード、ワンミーニングでしょう。多義性なんてもっていたら論文なんかならない。
吉川　一応、ルールですからね。
森　それはそれで理系的にはいいんですよ。そうでなくちゃいかんけれど。当時、頭が文転している私にとっては狂おしい。だから先生の話を聞いていても、論文を読んでいても、本を読んでいても、こんなん読んでいたら頭が悪うなるって思った。なるべく接しない。その中で唯一面白いのが精神病の患者の言うたり、やったりしてることはだけ。これだけはめちゃ面白い。

治るのを見る

吉川　基本的には多義性があるのが唯一認められている科ですからね。
森　精神科だけはあまり理系理系って言われん。
吉川　面白い。それは褒めてんだか、けなしてるんだかわかんないな（笑）。
森　当時はそうや。治外法権みたいな感じやね。一応うちの学科には土居健郎がいた。土居先生が頑張っていたわけや。ここは意味があるんだって、普通の医学部の先生方を前に言っていた。一応守られつつ自分の好きなことをやって、大学院生になって脚本を書く立場になって、それで精神病院実習行って、患者さんと三週間寝起きを共にする生活になり、ネタの宝庫やんか。やめられへん。
吉川　（大笑）やめられない。
森　完全はまってしもうた。今でもその時の感覚って少しあるんやけれど、私にとって、患者さんってメッチャ面白いわけですよ。マジに面白い。だから治したらあかんという感覚がある。
吉川　なるほど。面白いだけじゃなくて。
森　こういう人たちを普通の人間にしてどうするのって（笑）。
吉川　感覚的に、ようわかります。
森　当時はそういうこと言うてられる立場やんか。
吉川　学生であればね。
森　だから患者さんとはもうほんまに楽しい。で、一緒に治すとか治さんとか、そんなこと何も考えずにただ

　　ただ面白い。なんやこれは、こんなんみたことない、これは素晴らしいの連続の毎日。
吉川　そうしてたら勝手によくなっていくでしょう。
森　そうなんよ。
吉川　ねえ。
森　治るんねん。何やこれって。
吉川　治ると思うわ。そういう研修医だったら絶対治ると思うよ（笑）。
森　患者さんがまず寄ってくるしさ。
吉川　それはようわかります。
森　そういうふうにするべきだと、言ってくれる先生がいない。
吉川　当時はないですね。森先生、その当時っておいくつ。
森　二十三、四歳。
吉川　そうか、危ない人たちしかいなかったね。
森　私も当時の周りにはけっこう多かったよ。そういう人たち。
吉川　そうなんだ。その当時、周りにどんなドクターいます？　まだ生き残ってはる？
森　家族療法系の人はみんないたし、石川元先生も。
吉川　そうか、そうか。
森　家族療法系。私は慶応系とは付き合いないけど、うちの大学は割と幅広く人脈があるから。
吉川　そういう意味では恵まれている環境ですよね。そういうことやっていても。お前何考えている、出て行けという話にはならない。

森　「白い巨塔」みたいなイメージって東大の精神科には全くない。それがないのはすごい幸せやね。だから若い頃からやりたい放題、何やっても何言うてもいい。一応私が入った頃には、土居先生はもう出て行ってたから、土居ゼミで泣かされることもなかったし。

吉川　例えば森先生が当時やってたみたいな関わりをしていても泣かされる可能性はある？

森　私みたいな関わりしているって言ったら何て言ったかな。面白がってくれたのかな。エリクソンのことをちらっと言ったら、「エリクソンは勉強する価値がある。よく勉強しておけ」と。

吉川　ああ、そうなんだ。

森　ブリーフええけど、診断、見立てだけはおろそかにするなとか。アドバイスを下さいました。はい。後は何か、言っていいただかなくても……みたいな（笑）。

吉川　そうか。

森　多くのゼミ、心理の人や精神科医の人たちが味わってきた上からの学閥系、派閥系のいろんな圧力というものの体験は、私はないねん。

吉川　なるほどね。今のお話はよくわかる。

森　だからさらに自由になる。

吉川　だから別の物差しがあったところで、その物差しで精神科臨床を計ってみたみたいな形になっていますよね。面白いから治さんでいいやんという話が、なんで治す必要があるという話になったんですか。

森　さすがに大変そうやった。

吉川　（大笑）やっぱり。すごい単純な動機なんだ。

森　もうちょっと楽にやれるもんは楽にやるけれど。個性は尊重するから(笑)。やっぱり患者さんってよくなるんやなと言うことを知ることが一番勇気づけられるやん。若い人たちが伸びない理由は、治った患者さんを見たことないからや。

吉川　それはあると思う。治った患者さんを自分の経験の中でいっぱいもつのはすごい大事だと思う。人は変わるんやと、ある種の信念でいっても無理やから、自分の感覚で持たないとしょうがない。

森　土居先生の症例みて治ったケースなんかない。

吉川　コメントできません！　実際先生もおっしゃるように、治っていく治り方が違うでしょう。関心だけ見立てであれこれ関わっている治り方と、治さなあかんみたいに関わっている人たちの関わり方によって変わっていく部分、その場の変わり方も全然違うでしょう。ちょっと言い過ぎかもしれないけれど、自分で気がつかないうちに変わる終わり方。何か意図をもって変わらないといけないから頑張って変わったみたいな終わり方とも違う。頑張って変わるのもありかもしれないけれど、もっと自然にいつの間に変わっちゃったのかな～という方が、彼らにとってはある面は動揺もあるかもわからんけれど、楽になっちゃったという気がする。

森　そう。まあ治る患者さんをみることはすごく大事やし、それ以前に、これは自分の体験として、自分はあのときを境に変わったという瞬間をいくつ持っているかということが大事。

吉川　言えてる。

森　自分が変わった体験。

吉川　ああ、自分自身がね。

森　そう。それが一番元。それがバイアスになって人の変化もみるし、もし自分の中にそういう体験がなかったら、変わった人をみたときに、多分リファレンスがないから、これってなんか変わったように見えるけれど、どうせまた元に戻るとか、また別の違うことが起こるだろうというふうに、その限界を多分みてしまう。

吉川　もう一つ以前の段階でも、変わってるということそのものに気がつかない。そういう観察してしまう。物はみてるけれどみてない。これって、よく起こる話。自分の中にリファレンスがあるかどうか。自分の中ではなくて客観的なリファレンスでは役に立たないのかな。

森　やっぱり自分の体験が元。

吉川　これって圧倒的に強烈やと思う。

森　うん、大事。たいした体験でなくてもいい。すごいちっぽけな体験でいい。変わった、しかも瞬間にという体験。自分って変わるんや、人って変わるんやという、その体験やな。私が変われるんやから、あなたも変われるでしょう。変わった体験がない人には、変わるには時間がかかる、あるいは変わらない。人ってなんや最終的には変わらないというところに結論がどうしてもいくよね。

演劇と心理療法

吉川　理屈はともかくとして、変わらないことの理由の方が圧倒的に理屈として成立していますからね。なんで変わるかとか、変わる理由なんかどうでもいいやんという話は確かにブリーフの十八番みたいな話ですよね。森先生の中では今お話されたみたいな、それこそ演劇に基づいて精神医学やっているみたいな、そういう筋立てに基づくご自分の今の状態が出来上がった経緯ってどこかに書いてあるんですか。もったいないな〜。もう一冊くらい本書かはりませんか。

森　もう体力ないし、伝わらんからやめた。
吉川　そうなの。
森　芝居の話って人に伝わらない。芝居をやったことない人は芝居の話を聞かされてもわからないやん。
吉川　あっそう？
森　吉川さんやったことある？
吉川　全然ないけれども、臨床のトレーニングでロールやったりするやん、そういう芝居とか、まあまあ嫌がおうでもちゃんとロールに入っているのか……みたいなのは見えてくるから、そういう芝居でしかないけど。それとちょっと前に、芝居のストーリーの作り方に興味があったんで、あれこれそういうものを読んだというのがある。そんなもんですが……そんな伝わりません？
森　演劇を見たことない人って、世の中いっぱいいるよ。
吉川　演劇を見ないでも、テレビのコントを見ていたら、理屈が同じ部分もあると思うわ。
森　まあまあ、あるけれどね。
吉川　一番の核心的なところは、僕の頭の中ではやっぱり変化やから。
森　テレビの映像と、生の演劇って、劇場空間があるわけでしょう。そこの違いは圧倒的なんよ。
吉川　それはようわかります。
森　そこの中のライブの中で何が起こるのかっていうことを理解できているかどうかということが、例えば心理療法を演劇でたとえる場合に、一番重要なポイントになるわけね。ストーリーの話でもないし、演技論の話でもないんだよね。
吉川　何回かそういう話をしてみたけれど、やっぱり通じへんなと。

森　通じない。私の話を聞いてもリファレンスがないから、何に参照させていいかわからない。
吉川　そのへんの知的な能力、想像力の高い人でも通じない？
森　うん。
吉川　そう。それはもったいないな。それじゃあ、さっきの話で高良（聖）さんとやりとりしたら通じるかもな。
森　多分、通じない。私は基本的に心理劇の人とは話をせんことにしている。
吉川　せんことにしている（笑）。またなんで？　聞いてみたいな。
森　私の場合、ドラマの価値が高すぎるんです。
吉川　ドラマの価値が高い？　心理劇の人たちと比べていうこと。
森　私の中で。
吉川　中で。
森　心理療法の価値よりも、演劇の方が価値が高い。
吉川　なるほど。
森　心理療法の一つの道具としてドラマを使うなって。禁止や。
吉川　よくわかった。今のでよくわかった。高価なものは使うな。
森　そうそう、そうそう。
吉川　だから議論してもその心理療法のためにという文脈そのものが許せんわけや。もうすでにね。
森　（笑）。昔一回だけ高良さんとご一緒した。初めて二人で池袋かなんかでしゃべっていたことがある。それ以降、もう一切付き合いがない。

吉川　そう。

森　あそこで別にケンカしたはずじゃないけれど、お互い合わないと思ったんやろうね。あれ以来一切付き合いない。

吉川　そうなんだ。

森　心理劇をやっている人と私は基本的に口きかないですよ。ゲシュタルトもそうや。まあ、黒沢先生ぐらい。（黒沢に向かって）ゲシュタルトもそんなちゃんとやってないやろ。

吉川　（大笑）

黒沢　東京ゲシュタルト研究会研修生、一年ちゃんとやりましたよ。

吉川　森先生は、そういう文脈の中で演劇が一番下みたいな形でやりとりするのが、基本的にまだまだ許容できないわけや。

森　そう。

吉川　だからよけいに秘密のベールみたいにみえているわけね。なるほどな。僕、はっきり言って精神科臨床の現場の中で治らんでいいやん、あの人たちおもろいやんという話だけでも、それこそ十分意味のある側面があるような気がするんだけれど。つまり演劇の世界から見ている話と逆に臨床の世界の中の必要なことの接点になっている。今話していて、決定的にそこが一番のアクセスのポイントやろうなという感じがした。そこだけでもいいんじゃないですか？　つまり心理の理屈から入って今起こっていることを考えていくという話をしようと思ったら、言うたらいろんな色をいっぱいもっているわけですよ。違うんやけれどもたまにサングラスかけて入ってくる人がいるみたいな話。違った形で見えてくるだろうと思うし、その違って見えていることの方がもしかしたら本質的なところがあるかも。でも、やっぱり伝わらんのかな。

森　演劇の話を持ち出してもなかなか。
吉川　ダメ。
森　（陪席者に向かって）Aさん、演劇、やっていたんだっけ。
Aさん　高校演劇やっていました。ロールプレイを研修でやるというと、許せないです。
吉川　演劇として？
Aさん　なんか恥ずかしい。
吉川　その許せないのは何？
Aさん　下手くそだから。
吉川　そういう意味ね。自分がやる方ではなく？
Aさん　自分がやらされるのもいやです。だから私が研修講師したらロールプレイをやらせることはしない。結局ダメ出ししたくなるので。
森　そうなんよ。演出つけたくなる。
吉川　目的性があったら別に下手でもいいんじゃんと思わないの。
森　そうなれないですよ。
吉川　なれない。
森　もう演劇になると常に真剣勝負や。
——吉川先生の釣りとかスキーとかと一緒じゃないですか。遊びの領域じゃなくなって、マジになるという……。
吉川　いやでも、俺は俺に課しているのはダメだけれど、人が遊びでやってもかまわないよ。別に下手でも上

森　手くてもいい。それは別にいいんじゃないと割り切れるんだけれど、そうならない？ ならん。

吉川　へぇ〜、人にも要求しちゃうわけだ。

森　そう。

吉川　今の臨床の森の方法について学びたいですといわれたときに演劇からいけって言わないでしょう。

森　言わない。

吉川　僕の頭の中ではそれこそ違った形がある。やめた方がいいよと、こんなややこしいこと、やりたいんだったらやりたいでいいけれど、他の方法もあるんだから。自分の中の臨床上の自由度を増やしたいというならば、他の方法はあるけれどその中でどうしてもやりたいんなら教えるけれど、きついからやめた方がいいよとしか言わないわけでしょう。たぶんそうなると今の話の逆で、許しちゃいけない世界が出来上がるんですよ。別に下手でも伸びなくてもなんでもいいやと思ってるなら、別に責任性もない。簡単に言えば、たまに教えてくださいって、講演会にきました、練習しました、という人たちに対する責任性というのはゼロだとは言わないけれど、そこまで徹底的にわからないといけないという要求はしないわけですよ。だから今の話、ロールプレイに演出で指導したくなるというふうに僕はぜんぜんならないけれど、でも絶対やりますと言った人間はそこからはみ出したら、てめえふざけろと言いますよね。そういうことなんじゃないかなと思うんです。だから先生の今の演劇の話の枠と同じで、僕の頭の中であんだけややこしいのをなんでやるのと言われたら、多分そういうお決まりになっている。だからとしか言いようがない。だからベースが演劇にあるのか、今みたいな臨床論にあるのかと言われたら、それはその違いだけじゃないかなというふうに、今ふっと思ったんですけれど。どうですかね。

森　今まで演劇の話は、人に伝わらないので。

ソリューションの未来

森　私にとっては大事な話だけれど、私だけの世界に収まっちゃうことが多いんであまりしゃべらない。それよりはソリューションの方がよほど話は伝わるから。

吉川　そうか、でもソリューションやっている人たちにとってみたら、僕は演劇のことがわかる方がソリューションの技能は伸びるような気がするんだけれど。

森　三段ロケット目ぐらいかな。

吉川　（大笑）

森　とりあえず地上を出発してもらわんといかんので。一段ロケットに演劇はないね（笑）。

吉川　なるほどな。なんとなくわからんじゃないけれど。でも一段目にソリューション持ってきてという形をしたときに、先生の頭の中は、演劇の代わりにソリューションが先に入っちゃうでしょう。でも本当に真っ白な人からしたら、それに基づいてあれこれをやり始めたら、結局その目で見ちゃってから新しいリファレンスを広げていく。つまり見えている世界を、違うリファレンスを広げることができなくなってしまうんじゃありません？

森　どうなんでしょうね。だから今、社会実験が行われている最中ね。

吉川　（大笑）

森　だいぶソリューションが広まってきて、大学院からソリューションを勉強し始める若い人たちというのが出てきて、その人たちの予後はどうなるのか。
吉川　そうそう。僕も見たい。ほんとうに見たい。それも縦断研究したいなとほんとに思いますよ。
森　実験の真っ最中よね。どうなるんやろね。感触としてはどうですか、黒沢先生？
黒沢　ソリューションだけから入るっていう人はあまりいないから。
吉川　ソリューションだけから入るというよりも、ソリューションを知らないで、例えばノンデレとか、分析だとか、いわゆる「正しい人に対する理解の仕方」みたいなのをガイドラインの中に、ちょいとソリューションが入っている部分ってありますやん、昔に比べると。森先生の話ではないけれど、三十年もしてみたらどうやって育っていくのか、全然違うんだろうなと。そこからのものの見方が違うから。
黒沢　今まではそこにソリューションが入ってなかったから。
吉川　そう、入ってなかったから。
黒沢　そういう人たちの予後を私たちは多く接しているけれども。
吉川　そうそう、そうそう。
黒沢　それは単なる好奇心で。
吉川　というよりもその枠の中だけでずっととどまり続けるのか、その方が他の流派みたいに広がらなかったという形ではなく、もっと広がっていく可能性がある人たちをつくっていくベースになるのか、その違いを見ていきたい。
黒沢　広がっていくというのは、ソリューションを学んでいる人たちも、また他のものもいろいろ学ぼうとしているということ？
吉川　そうそう、その広がりが本当にあるのかどうかというのが一番の関心事。広がるんだったらソリューーシヨンが入ったってかまわない。森先生や黒沢先生がどう思われるかはわかりませんが、最初のころのソリューションってなんかもう、先生方は違うんだろうけれど、枠の中にとどまらなければいけないみたいなところがありましたよね。あれ、僕は凄く抵抗感があった。

黒沢　私その段階で入ってないから。もしそういうものだったら私、入れない。

吉川　そうですよね。僕は近づけない。だからあの近づけない感じの印象がソリューションそのものということよりも、日本で広げようと活動している中心的な人たちが、あのスタンスで動くことそのものがソリューションなんだとなっていた。それにすごい抵抗感があった。だから近づきたくない。方法論的には別に使えと言われればいくらでも使える。それこそもともとエリクソンがあるわけだから。別にソリューションを使っていると誤解されようがエリクソン流にやっていますという主張すればいいわけです。そういう意味でそういう人たちがどんどん広がっていく方法論になるなら本当に別にソリューションだろうがなんだろうが、違った形のもっと自由度の広い入口、間口になるものがある方がいいだろうなと、僕は思っています。だからヘンな話で申し訳ないけれど、十二月一月って、学部生が修士に、修士の連中が博士課程に来るという時期なんです。面白いなと思うのは修士の連中で、それこそうちの大学に来たいっていう話をした人間は、私の方法論は学部では教えますけれど、院では一切教えませんって話をするんですね。

森　ふーん。

吉川　学部ではそれこそ理屈と入口の方法論だけで、ちょっと面白そうなものをロールでやらせたりとかの授業はやりますけれど、でも院に来てファミリーセラピーとか、システムズアプローチやりたいといっても、やれないから、うちにこなくていいよって言うんですよ。今の僕の頭の中って、一つは先生も御存知のようにへんな認識論をもったまま、某団体の某資格を取る試験のために、というのはできないと思っているので。頭のいい人だったらいいですけれど、うちはそんな頭いい人が集まっていないですから、二つのことを同時に並行で覚えていくことはできないだろうと思う。修士に教えたら害になるだろうなと。試験のためには。

黒沢　某試験のためには。

吉川　そう、某試験のために。

――　某心理士。

吉川　いやいや僕何もいっていないから。某試験だからね。

森　なんで？

吉川　某試験の問題にはシステムズアプローチが出ないです。問題作成者の中に某氏と某氏はいるけれど、出ないと思います。ある程度馴れたら、試験の面接はクライエント相手だと思ってやってこいっていったらできる話ですから、なんてことないですけれど、やっぱり一次落ちますよね。これがやはり大学の政策上まずいというのがあるので。

森　じゃあ、博士入ってから。

吉川　そう博士課程の連中は逆に言うとその世界から逃げられなくなっていますから、いつやめてもいいという形なら私は認めます。別に縁切るわけじゃないので、やめたいときにやめると言うんだったら徹底的に教えるけれど、ただ徹底的なので中途半端に来るならやめた方がいいって。言ってみたら、このややこしい世界にどうしても入っていじめられたいならどうぞという、そういう話ですよね。

森　今もあるの、いじめ？

吉川　ありますよ、いじめあります！　昨日、ちょうどいじめの会があったところですから（笑）。第四金曜日というのは学生にとったら地獄の日って言われている。集団のオープン・カンファレンスがある。その中で徹底的にいじめ倒されますよ。ケースを出すのは院生の連中、博士課程と修了生しか出さないです。それでも聞きたいやつは修士で聞いてもいいけれど、でもそれに準じて何かやりたいことは、俺は教えんよって、もうシャットアウトです。理論で何か書きたいとか、そういうのは別にかまわないですけれど、臨床的な対応でどうこうしたいというのは、ほんま試験は落ちると思いますわ。

到達点

森　それでは現段階での吉川先生の到達点をお伺いします。

吉川　到達点って？

森　ブリーフ心理療法、ブリーフであるために大事なこと、コツ……。

吉川　何ですかね。ぶっちゃけた話しますけれど、僕大学の教員になってから臨床が下手になったと思うんですよ。上手かったのは十二、三年前だと思うんですね。確かに今の方が治るケースは多い、フォローが入りますけれど、自分ではすごく下手になったと思ってる。というのも、クライエントの負担が今は多いなと思って。昔はクライエントの負担がすごい少なかったと思いますね。どういえばいいんだろう、自分で、負担かけちゃいけないんだなと思うんで、それなりに昔みたいな無理をしなくなった。無理をしなくなると結果的に面接の場面で起こることの変化がすごく小さくなってくる。どっちかというとこっちの想定している範疇の変化で僕の方がとどめちゃうみたいな形になっていることが多い。彼らが一方的に変わっちゃうケースは今でもないわけじゃないですけれど、昔に比べると三分の一くらいに減りました。結果を評価すると前の方が予想外に展開していってよくなっていくという形の方が多くて、今のは予想通り変化してる(笑)。だから僕の最も嫌いな定型にはまったような変化の起こし方をするのが最近はすごく多いですね。だから事例論文を書くのはやりやすくなりました(笑)。定型通りの形になっているから説明もつくし。でも臨床的にやっていると向こうの負担が大きいんだろうなと思いますよね。さっきの森先生の話ではないけれど、彼らしんどそうじゃんというその発想があって、ここまででいいじゃんみたいなことを考えるのが僕の中に出てきているんやろうなと思います。だから前だったら確かに複数のメンバーでどうこうしているという方が数からいったら圧倒的に多かった。そういう自分の能力のなさを向こうの変化の幅にそれこそ委ねてたところもあったのかも。相手の人数も少ないけれど、でも起こっている変化はやはり小さいなと思いますね。自分の中でどっかしら起こっていることを止めているんだろうなと思いますよね。ただ、患者さんたちのリアクションではそうとは言わないので、負担はちっちゃいというニュアンスのコメントで終わるケースが多くなりましたが、僕からみたら途中の経過のしんどさは今の方が多分多いんやろなと思う。だからどう評価をもってきていいか、自分でもよくわからない。

森　一応、ようはなってる。

吉川　ようはなっています。だからそれもなんというか。

森　変化量が少ないの？　効果量が少ないの？

吉川　効果・量の問題よりも質の問題で、予想範疇の中で変化を起こしているみたいな感じです。予想外になる形ではない気がしています。最終的にセラピーの効果判定はクライエント側に委ねるべきだろうと思うんですけれど、それだったら今の方が負担少なくなっているかのようなコメントが返ってくるような気がするんですが。想像ですが、やってる側からすると絶対この方が途中経過はよくないだろうなと思う。どうも痛し痒しの感じが非常にしますよね。だからそれこそ一番最初の話じゃないですが、効果効率からしたら効率は落ちていると私は評価しますが、向こうはそうは評価せんのだろうなと思う。だから違う評価基準をどこかに設けないといけないのかなと思ったりもしますけれど、モノサシがないですよね、この世界って。

森　すごい単純な物差しで、平均面接回数は何回ぐらい？

吉川　どうでしょう、ケースにもよりますが、子どものケースの方が最近長いですよね。大人の方が平均回数は前に比べると短くなってますね。

森　大人の方が短い。

吉川　短いですね。うつ状態やとかパニックやとか、いわゆる精神疾患まではいかないような重篤な神経症とか、ボーダーみたいなの、落ち着くまでは四、五回やればなんとかなる。枠がはまってフォローやっていうのが普通の形ですけれど。子どもはほんまに、昔やったら不登校はそれこそ三、四回でなんとかケリがついたのが最近十回くらいかかりますよね。

森　東さんも不登校はちゃんと付き合う、ちゃんと学校行くまで付き合うとか言っていた。そうなんや～と思った。

吉川　学校行くまで付き合うのは昔からそうですけれど、学校行かせるまでが多分昔はもっと早かったと思いますよ。行かしてからフォローしてたみたいな形があるだろうと思うんですね。発達障害系の枠組みで紹介されてくるケースがあるんで、その枠組みをこの場の中でキャンセルすることはいくらでもできるんですけれど、それに関わっている人たちにどうやってキャンセルさせるかというのが、一番時間かかりますよね。あとは大学の臨床心理相談室の外来ケースをある程度みているから、療育依頼みたいな形になるのも多いですよね。だからセラピーは他で受けていて療育的ケアをお願いしますみたいな感じ。療育の担当者じゃないんですが、まあまあ学生のトレーニングのためにはいいかと思って受けています。そうなるとやはり僕の方がいらつきますよね。ちゃんとやれよお前、という話になるので。そっちちゃんとやってくれたらもっとやりやすくなるのに、本人も負担が少なくなるのにと思うけれども、頼まれてる枠からいったら療育の枠だからしょうがないなとなる。いくつかのケースはひっくり返すこともありますが、あんまりやると紹介こなくなるので。だからひっくり返す返し辛い部分もありますよね。それこそ試験のために検査をトレーニングとして学生にさせないといけないんで。だから療育を始める前と後で、それこそどれくらの差が出てどうこうという話は自分の頭でリソースとしてもてるために終了まで持たせないといけないので、一年である程度のことをやるというのはきついですよね。だからプライベート（私設開業）でやっている臨床は、現場のしばりが何にもないんで一番気楽ですよね。僕のところもＫＩＤＳと同じで開業施設ですから、最終的に責任は自分が負えばいいし。そうなると考えなければいけないのはそのケースのネットワーク上の問題だけですよね。そこだけ問題がクリアできれば、何やってもいいかというのはやっぱ相変わらず楽ですよね。そういう意味では。

定型的なケースの話

森　さっき最近のセラピーは定型的になってきたって。

吉川　定型的になってきた。

森　どんなふうに？　ティピカルなケースってどんな？

吉川　例えば強迫のケースなんかが一番定型的だと思いますけれど、摂食障害にしてもそのへんの強迫傾向のあるケース、ちゃんと症状がなくなるような手順をふんでいますよね。だから食べる食べないをやっているケースが、ちゃんと食べられるとこにもっていきたいと親の方も周りも思っていますからね。そのへんから初期の段階で変化が起こるようにちゃんとセッティングしていますよね。自分の方でね。前だったらこんなの全然考えないで勝手に治っちゃったわみたいな話が平気だったんだけれど、今は面接の中でずっとそれを追っかけているみたいな形で、まわりが共有できるようにしていくみたいにしている。なので、余計に外からみたらきれいに治っているように思うかもわかんないですけれど。面白いなと思ったのが、一昨年くらいに来たケースで、中一だったか中二の女の子。二十九キロで来て、その年頃の子としたら普通の背丈なんですけれど、もうガリガリで。親はなんでこうなっちゃったのかわからんみたいな状況になっている。医者からも「さあ、これ以上落ちたら入院だ」みたいに言われている。本人にしゃべらせてみたら単にトラブルから腹が立って飯をいっぱい食ったらその翌日からやっぱり気持ち悪くなって食えなくなってしまったのが始まりだという話をするんで、なんだ当たり前じゃんという話をして、親はそんなの了解しませんから当たり前だから当分食うなという話をしたんです。入院が目の間に迫っているのに。食わなきゃいいよみたいな話をして、飯が目の敵になっているから敵相手にケンカなんかもうせんでいいわって話をしたら、次回ケロッて治ってきたというのがあるんですよ。たまたま研修に来ていた院生がそれを見ていたんです。ようわからんって言うんですよね。なんであれで入院しなきゃいけないと言われているときに、それこそ食うなって平気で言えるのって。食う予想が先生にはあったのかと。それで治る予想はあったのかという話になったら、「ない」という話なんですが、そういう変化を起こされると説明がしきれないんですよね。なんでそれがいいと思ったかというときに、パターン上は親はこうなっているし、親との間でこうなっているから、これをひっくり返すには手っ取り早いし、こっちもあっちも触ったから、お前らがみているのは食うんだという話ばかりじゃんという話をするんですが、確かにそれがもう象徴になっちゃってて、派手なところ、常識外のことをやっているという部分に目がいくんだけれども、そうじゃない常識でやってるところにやっぱり目がいかないんですよ。

そういう意味じゃ森先生がいう到達点はといったら、常識的なことを普通にちゃんと押さえていくという作業は確かに前よりうまくなったなと思いますね。だからその当たり前のことをやっているという形の中に、当たり前だからこそ食うなというのが効果があるのであって、当たり前のことができないやつに食うなって言ったら、それはほんまに死ぬだろうしね。その常識的なことをどんだけやりましたかって言われたら、全部みて説明しろって言われたら、あれもやってこれもやってあすこもやっているだろうって話は説明できるんだけれども、どこまでこいつらに説明すればいいのかというのか、説明しきれなくなるんです。だからへんな言い方ですけれど、ちょうど昨日、怒鳴り散らしの会があった話をしたんですが、向こう側が話している話にずっとくっついていく。まあ後追いでくっついていくというのと、それ以外ノンディレみたいな形でついていくという形もあるけれど、その中の五つくらいのターンはついていくけれど、六つ目になったときにちょいと広げられるかもなと思ったときに、向こうにとってみて、それこそついてきてくれていると思うような形の中でちょいと広げてみるような作業をすれば、向こうの頭の中で次にしゃべろうと思っていたこともちょいと周辺的なところだけしか出てこない。そういうまともなこともアセスメントなんかでやったりとか、語りかけの中でやっているというのを説明してもどこが違うのかわからないという話になったりとか。なんとなく言っていることはわかるけれど、どこまで向こうの抵抗感のないようにしないといけないのかとか、わからんみたいな話になるので、常識的なといったらへんな言い方ですが、押さえ方そのものもこれがよくてこれが悪くてみたいな形があるわけじゃないですからね。向こうにとって話を飛ばされたら頭で全部切り替えなければならないけれど、ほんの少しずらされたところでそんなに気がつく話ではないわけで、そのずれが小さければ小さいほど、それこそ向こうにとったら違和感なくついてきただけ。自分が話しているだけの印象になるけれど、こっちからすれば必要な方向に流れを変えているという話になる。そこは言い方は悪いけれど、いわゆる丁寧にはなりますよね。その丁寧さってやっぱり、前は言ってみたらもっとポイントのところにいくためにその辺をショートカットしてることは多かったですが、ショートカットは許容される範囲でやってるから許されたみたいな形があるんですけれども。そう遠回りをする方が圧倒的に効果があるんだというふうに今の僕でも言い切れない。だからそれがさっきのセラピー全般でみたら下手になったかなと自分で思う材料でもあるかなと思います。ちょうど高橋規子との本（『ナラティヴ・セラピー入門』金剛出版）を作ったころ、ナラティヴがどうこうで、応対の仕方でどうやって話を聞くかみたいな理屈を書けと言われて、書いているあたりのときが多分一番切れ切れだったのかなと思う。二〇〇一年、二〇〇二年くらいかな。

森　あっ、そう。

見落としたくないもの

吉川　あの頃は、ほんとうに今よりややこしいケースみていたというのもあるかもしれないですけれど、お付き合いしてたのはいわゆる大学病院にしたら、治らんケースばっかり回されてた。ほんま治らんケースをいわゆるカウンセリングを受けてきなさいみたいに言われて、ほんまに普通のカウンセリングやったところでよくなるわけない。その時に比べるとやりとりの仕方がずいぶん変わったなと思いますね。変わって重篤なケースが治しやすかったですからね。自分の構え方が負担として感じられなかっただけかもしれないし。

森　それってナラティヴの本を作ってたときって、切れ切れ具合にはなんか影響あったの？

吉川　ナラティヴの影響ではない。さっき森先生の話に、面白くてしょうがないじゃんと言う話がありましたよね。基本はあのスタンスだと思うんです。ナラティヴの理屈の中ではどこがどうとか言っていますが、基本的には言い方が悪くて非人間的かもしれないですが、面接で聞いている話が面白いじゃんっていうの、けっこう大事なことだと思うんですよ。その人の生きてきた流れを普通はそんなしゃべりませんよ、ふだんの社会的な場面の中では。それをつついてみると、いくらでもしゃべり出す。しゃべらせているといったら意図的かもしれないけれど、それを向こうにとって定型で聞かれて答えているという構造でない形で聞けば、なんぼでもしゃべれる材料ってあるわけですよ。ふだんの生活では言わんかなと思ったことが、ここではノリノリで聞いてもらえるわけで。なんというんでしょうね、ナラティヴとの間というよりも、もともともあったと思うんだけれど。今でもそれは同じだと思うんですが、どんなケースが来ても、おもろいな、と思いますからね。どうしてそのスタンスで多くの人が聴けないのかなと、むしろ思っちゃいます。治さないといけない縛りとか、ちゃんとアセスメントしなければいけない縛りとか、そっちの方が大事になってしまう臨床家が多くて、目の前の人、全然みてないんじゃないかなと思います。

森　吉川さん、この業界の中では理論家やね。

吉川　理屈屋でしょ（笑）。森先生と双璧をなすくらいの。森先生も理屈屋ですやん。

森　私が理屈屋ということね。

吉川　スペシャルだと思いますけど。

森　自分で理論に影響を受けてきたのってけっこうある？

吉川　僕が？　僕は逆です。臨床があって、それを説明するための理論でしかないと思っていますし、人にやってることを教えたり、伝えたりするときに聞かれたらわかりやすくするためのものでしかないと思っているので。ヘンな言い方ですが別に理論そんなに使わなくても、いやだよな、しばきたいよなって話しておさまるような話になるんだと思うんですけれど。さっきの見ているけれど見ていない、見ていることのレベルはみんなそれこそ初心者だろうがベテランだろうが同じだろうと思うんだけれど、見ようとするというところにどれくらい意識がいっているか、という違いに圧倒的な差があるので、だから「どう見るか」という理屈がいる。ちゃんと見えている人には理屈はいらんだろうと思います。一番典型的なのは、他の流派の面接でも、それなりに治療的だし楽しいし、上手い人は大事なところを見てますよね。後で説明を聞くと全然違う説明をしているんだけれど、それは向こうがしていることや、僕の理屈に基づいて見ようとしているからそう見えると説明しているだけであって、彼らには彼らの理屈に引き寄せてそれを説明してくれているだけ。見ているものは同じです。説明が違うだけだろうなと思います。ウエイトの置き方は多少の違いはあるんだろうけれど、よう見えているなというのは思いますよね。

森　吉川さんの場合だったら、まずクライエントの何を見たいわけ。ここは絶対見落とさんのは。

吉川　それは「どうなりたいの」ってこと。それこそ表面上出てこないけれど、「どんな期待してるの」「自分のことに関してどんなふうにやっていきたいと自分が自分に期待を向けているの」ということは絶対聞きたいですよね。それがわからないと僕らがその人の人生を決めるわけではないので、あんた決めてよと言いたいんで、そこへもっていけないですよね。なにすりゃいいかよくわからないと、ほんと無手勝流か、教科書から目標もってくるわけでしょう。それは最悪だと思いますよ、本当に。ニーズがどうこうと言う人がいますが、ニーズとはちょっと違うような気がするんです。クライントのもっているニーズという枠にすると非常に幅が広すぎて、例えば下手すれば「うちの担当医が使えないから、あいつだまらしてほしい」というのもニーズの中に入ってくるわけで、それはその人が本来望んでいる話ではなくて、今の状況の中で出てきたニーズであって、本来その人が主治医をしばいたら治るかっていったら、そうは問屋は卸さんだろうし。昔はニーズがどうこうって僕も言っていたと思うんですが、ちょっと違う気がしています。森先生の中では一番のこれはというのはあるんですか。

森　ここは見落としたくないというの？　そうね、すごい古典的な概念やけど、不一致やね。

吉川　本人の中の？

森　一人やったら一人の、二人いたら間の。

吉川　そういう意味か。

森　とにかく起こっている中の、言語・非言語に渡る不一致ポイント、そこは絶対見逃さんというか、そこ見つけたときにきらっと光るから。

吉川　光る。なるほど。探している感じなんですか。

森　そうね。

吉川　探している感じなんだ。

森　探していると言うていいと思う。ほとんどそこが変化のポイントになるからね。

吉川　そうでしょうね。確かにね。

森　そこが見えたらあとはアクセスの方法だけ考えてればいい。すごい作業が楽になる。でもたいていい見えるでしょう。不一致という言葉で表わされるかどうかはわからないけれど、だいたい我々って「早見」やん。

吉川　（笑）

森　だいたい十五分くらいやったらまあある程度のオチまで決まっている。だからそこまでたいてい何かポイントはここやな、というのが見えているはずで、あとはそこにどう近づくか、それを考えている。

吉川　ようわかる。例えば森先生は個人ならばという話だったけれど、個人の中の不一致と別の次元の関係の中の不一致……みたいな感じで、二重、三重で映し出される形の不一致になったときに、どう扱うんですか。

森　両方扱う。

吉川　やっぱりね。

森　両方扱うけれど、両方扱いつつでも一つずつ扱っている。

吉川　一つずつ、先にね。例えば個人の中にある不一致と関係の中にある不一致がどう関係しているのかとか考えないですか。

森　考えると頭ややこしくなる。

吉川　（大笑）そうか。

森　とにかくシンプルに。

吉川　そうか、多分、僕そっちを考えだすと思うんです。言われてて考えたら、だからその間の不一致が、それこそ不一致だったら、どこから触るかみたいな形のことをけっこう慎重に考える。だから一個ずつ触ればいいやというふうに、僕の中ではならんのやなという気が、今話をしていて思いました。確かにアクセスの仕方にほとんど時間を費やして違和感のない形でというのはその通りだと思うんですけれど。

森　複数のクライエントさんがいたら、そこらへんの作業があるからちょいやっぱり時間がかかるのよね。
吉川　そうでしょうね。
森　お互いのもっている不一致、みんな違うからね。違うから私はけっこう一つずつ扱うんで、「あんた思ってることと言うてることがちょいちゃうよね」みたいな。
吉川　ほほう。
森　「ここの部分でちゃうよね」みたいな。
吉川　結局、違う形で扱う。
森　そうそう。順番に扱いつつ、面白いことにそうやって違うというやり方も間違い？だよね、という感じで一致にもっていく。
吉川　そうか、そこが違う。一致にもっていくまでやらないです。僕は一致にもっていくよりも、違っているからどうなりたいの？ってもっていく。その整合性を取ろうとはあまりしない。もしかしたらそこは扱いの違いなのかもしれないです。修正してうんぬんかんぬんとか、一致できるような方向づけをしようとかはあまり考えないですね。いずれはそうなっちゃうんだろうけれど、その不一致の部分そのものが、その人にとって大事なところだから。
森　大事だよね。
吉川　大事だから裏側にどうなりたいという目標があって、その間でジレンマになるような材料があったり、それこそ凌駕性が生まれたり。どうなりたいという形の目標がホントにどうなりたいという話でいいのかどうか、そこが僕にとってみたらもう一つ大事なことのような気がする。僕が一番知りたいのは、どうなりたいかという期待ですよね。

森　言動の不一致が十分一致した状況になる前に、どうなりたいかの質問をすると、その言葉自体に不一致が出てくる。だからそこはけっこう慎重にやっている。このへん要するに、「ここらへんがほんまのところやろうね」、「このへんあたりかな」みたいな感じで、お互いにちょっとやりとりやっておいてから、どんどん進めた方がスムーズに話はいく。

吉川　その通りだと思います。特に関係の中で起こっているのは、そこでどうなりたいのという話をすると調子悪くなって、具体的な形で話が出ないですよね。個人の中だったらそれこそ扱えるかもしれないけれど、関係の中での期待をそれこそ複数で聞きゃ、その期待こそが不一致なわけですから。その不一致を一個ずつ扱うのは怖くてできないので、抽象論のレベルでは確かに最初からゴールを通すんだという話は絶対しないようにしますよね。先生がおっしゃるようにそれぞれの中でまあまあこのへんまでみえているならいいかというところまで行けば、おっしゃるようにどうしようという話にはなると思う。下手すると単なるもめごとをつくっているだけですものね。

森　不一致に関して言うと、多分、演劇をやっていた私というセラピストとそのあたりの作業の経験のないセラピストの一番の大きな違いがあるよね。私の場合は、不一致という中に言語と非言語の不一致というところに非常に敏感という特徴があると思う。それは私の臨床を構成するときに非常なアドバンテージを構成している。

吉川　違うのかもしれないけれど、上手い人って結果、そこの部分をよくみていません？　そういう経験があるのかわからないですけれど。言語芝居みたいな形でいわゆる表面上のコミュニケーションの言葉そのものにウエイトをおかなきゃいけないんだという縛りを受けている人は違うかもしれないですけれど、非言語でいろいろやっているということをみてもかまわんと思っている人たちは、優位性は違うのかもしれない。それが見えないと先生がいう不一致そのものに気がつくということができないんじゃないかなという感じがする。ズバリ言語と非言語の違いというような意識をしているかどうかはわかりませんが、どっかしらそういうものを他のものも含めて感じているというか、見ているというか、受け取っているというか、そんな気はするんです。ただ先生がおっしゃりたいのは、そこから先が見えちゃうことだなと思うんだけれど、そこから先見えちゃったら、言い方悪いですが、他のこと見なくてよくなりません？

森　そうなのよ。だから私クライエントさんとしゃべっているとき、ほとんどクライエントさんのこと見てないものね。ずっとメモを取っているから。だから声が聞こえていれば十分なのよ。

吉川　へぇ～。

森　声の出し方でその人の体の状態が類推できる。だから特に見ている必要ない。声が変わったときだけちらっと視線を上げて確認すればいいだけの話。

吉川　それはわかります。

森　私はあまりクライエントさんのこと見ない。

吉川　僕だったら見てもらえているという安心感をつくるために見るんだろうと思いますよ。

森　そうやね。

吉川　だから別に見なくてもいいし、聞いてなくてもいいし、今日二人でいるとどうでもいい話を聞いているみたいなことになっているんだけれども、でもそれなりに反応して、それなりに聞いてもらえているという安心感をつくることが、後々やりやすくするための材料になるなんだろうなと思う。これがさっきの丁寧にやっているという作業だろうなという感じがするんですね。いるかいらないかって言われたら、申し訳ないけれど、次行くよと言いたいですよね。そうするとそれは臨床ではなくて、外科手術みたいな話になってしまう。そこが多分見えるから余計にいらつくのかな。昔の方がよく見えてたし、よく動けてたし、そこから動き始めたからちゃんとやれているという感じがするのかもしれないですね。

最近下手になってきた

森　吉川さんが最近の方が下手になっている気がするとおっしゃっていたけれど、私も同じようなことは感じる。

吉川　そうなんだ。

森　下手になっているというよりも、なんだか面白くなくなっている。

吉川　臨床が。

森　やってることが。

吉川　自分の面接の中でやっていることが。

森　そうそう。

吉川　それは僕ものります。違う意味かもしれないけれど。

森　昔の方が面白かったよね。最近の方がすごく平凡なことをやっている。普通にやっているというか。すごい普通の面接が多くなっているね。

吉川　先生が言う普通っていうのはどういう標準の普通なんですか。

森　知りませんけれど。

吉川　いやいや、知らないでは標準がわからないので普通もわからないいんだけれど。

森　そんなに変なことは言わない。昔いっぱい言っていたけど。
吉川　（大笑）そうか、昔ヘンなこと言っていたというのは、昔から思っているんですか。
森　昔はわざと言ったからね。
吉川　ヘンなこと言っているんじゃなくて、意図的に言ってるんでしょう？
森　そうそう。
吉川　それがなくなった。
森　普通の会話。会話もあまりせんか。普通に聞いて普通にしゃべっているというのが多くなって、そういう意味ではつまらなくなっている、自分でね。やっぱり面白いこと言いたいやん。
吉川　いや、そうではない。森先生は、そうかもわからんけれど、
森　大阪人としてはそうやわ。
吉川　いやいや、それは違う気がするな。面白いこと言いたい？
森　（笑）
吉川　そうか～。面接の会話って世間話してるみたいな感じになっているんでしょう。だから向こうもそんなにバカスカ派手にジェットコースターするわけじゃない。普通に困ってることをしゃべって、なるほどとかいう話をやっている。きっと外から見たら何だ、何のことやっているんだよくわからんみたいに見える。でも先生の中では、流れとしてはいわゆるオーソドックスな形の構造、求められていることを統合的には提供しようという構造にはなっているんでしょう。
森　そんなにはわかりにくい面接は少なくなったやろうと思うし。
吉川　でも逆に本当はその方が、わかりづらいことやってません？

森　どうだろうね。一応みんなでビデオ見ながら検討はしているけれど、どうかな？　わかりづらくはなってないと思う。
吉川　そう。
森　解説せんといかなくなった。今は普通の会話になっているから余計に解説が必要なのよ。一応ここに意図があるんですって(笑)。昔はへんなこと言っているから明らかに意図がありそうだというのが伝わってた。今は意図も説明しなければいかんというのが増えてる……という意味でいくと、わかりづらくなっているという言い方もできなくはないのかな。
吉川　今の話みたいに解説の度合いが今後も増えていったら、説明することが多くなってどんどん複雑になりませんか？
森　そうだね。
吉川　でしょう。僕が昔、先生からお前なんでそんなややこしいこと言うんだって責められたとき、すごく思った。「意図がない発言は許さん」という枠でやってるので、全部説明すると山ほど説明しないといけない。ほんまにそれを何も考えずにやってるかと言えば、ほんとに意識して意図的にやっているところもあれば、必然的にそれこそ意図を反映するような応対ができるようになっているところもある。今の形、先生の方法論がどんどん進化すれば森先生のようにやろうと思うと、正直な話、こんだけなんなんだ～みたいな話がどんどん増えてくることになりませんか？
森　なるのかな。
吉川　僕、そんな気がする。でもそれは、森先生の今やっていることを忠実に辿れば同じことができるようになるというふうなものでは決してないと思う。せめてなんのガイドラインもなく、あのようにやりたいなと思った人たちにとってみたら、その中のどこに重みがあって、どこに順序があってというのがわからないと、全部説明するという作業をしちゃうと、やっぱり臨床的なことをやっているんだなという説明をするしかないというふうにはなりませんかね。

森　なるのかもしれない。だけど教えるのは一年ぐらいしたら後は自分でやって、みたいな。

吉川　なるほどな。でもそれって結果が、それこそさっきの話じゃないですが、本人の中の変わるかもわからないという成功体験に結びつく可能性が薄くなりません？

森　うん？

吉川　つまり一年くらいやって、自分でやってごらんといったら、自分でやってもなかなか治らんみたいな経験が積み重ねられるかもしれない。

森　教わってるその一年の間に成功体験を味わってもらいたいのよ。

臨床家を育てる

吉川　そういうことね。そうか〜、教え方に関して、そこが多分違うんだと思うんですよ。僕は最低限、ドロップアウトされるような形になることは、どんなケースでも論外だと思っている。いわゆる最低限サービス求めてきた人にちゃんとしたサービスをしないで、帰しましたという形になるのは、ヘンな言い方ですが、臨床家としてというよりも社会人としてどうよというような話になっちゃう。それが最低限どんなケースでもできるようになるところまでは、先生が言うみたいに自由にやっていいよという形にできない縛りが多分僕の中にある。それが多分うるさいんだと思いますね。だから見張っているところでは勝手にやらせて、成功体験を増やすのはかまわないけれども、その中で最低限のミスが起こる可能性があるレベルで、自由にやっていいよとは、僕は絶対言わない気がします。
森　教育に関しては、私は今教えてないから。
吉川　ＫＩＤＳで教えてらっしゃるでしょう。
森　ＫＩＤＳでは、研修では教えているけれどさ。
吉川　個別のトレーニングはない？
森　個別のトレーニングは基本的にはやってない。
吉川　そうなんだ。もうずっとやってらっしゃらない。何人か教えているのかと思っていた。
森　ＫＩＤＳつくってからちゃんと教えた子なんかいないよね。
黒沢　ＫＩＤＳの前半の頃のスタッフは割と個別にやっていましたけれど。
森　していたたっけ？
吉川　なんとなく、昔から、けっこう手をかけてはるなと思った。
森　そうだっけ。
吉川　あれが今も続いていると想像していた。
森　ワイワイ騒いでいただけ。
吉川　（大笑）
森　スーパービジョンなんかやってた？
黒沢　全ケースやってましたよ。私はけっこうやってました。
森　大学では昔は全ケース、スーパービジョンをやっていた。あれはあれで自分としては面白い体験だね。あんまりああいうスーパービジョンって他でやっているというのは聞いたことなかったので。何人かのスーパーバイザーが、例えば一時間、一週間扱ってきたケースを全報告する。だから一ケース自体は短い。ぱっぱっぱっ、はいここ、ここって。

吉川　わかります。

森　というやり方でスーパービジョンをやっていて、そのやり方は自分の勉強にもなった。逆に一ケースを一時間半とか二時間かけてレポート書かしてという、そういうスパービジョンは私やったことない。

吉川　そうなんですか。他はよくわからないですが、僕は両方ともやります。確かに先生がおっしゃるように短時間でケースの要点をしゃべるっていうの、けっこういいトレーニングになると思っているんですよ。つまり人に伝えるとき、自分のケースの自分が見てる要点に関することを伝えるという作業、自分のためになっていると気がつく材料になるから。煮詰まっている場合、自分の報告の仕方の文脈の中で物事をみているからおかしいんだということに気付く材料になると思う。僕も本当に一ケース一分とかが一番いいなと思います。ただそれで伸びるってのは、ある程度の臨床の力量がつくか、ほんとの初心者ですね。伸び始めている連中にそれをするとなんか惑い続ける。ヘンな言い方ですけれど。段階の問題のような気がしますね。

森　そうだね。それは昔だったら最初の一年それやったかな。二年に入るとM2は報告させてもチョイスさせるかな。M1で全部書かせて、M2でチョイスという感じ。二年以上はしないという感じで、とりあえず野に放つ。

吉川　なるほどな～。

森　菊池亜希子にはこの前いろいろ聞いたけれど、「そのうちものすごい大失敗やらかすから、大失敗やらかしたら戻ってこい。またスーパービジョン再開するから」と言って放り出したらしい。

吉川　なるほど。

森　こないだ、「私、戻らなかったも〜ん」とか言いいながら、「あの意図は何だったんですか」って聞かれたよ（笑）。

吉川　なるほどな〜。彼女がいた頃が最初のころ。

森　そうそう。

エリクソン・エリクソン・エリクソン

吉川　僕は一番最初にどうしても聞こうと思ったのが、なんで演劇をベースにして一気にあんなにうまくなったのかというのが一番ですね。森先生覚えてらっしゃるかわからないですけれど、初めてお会いしたの、もう二十五年くらい前だと思うんです。その時、森先生は「俺は演劇の人間だ」というのを主張していて、「うん？　なんで？」って最初はよくわからなかった。多分第二回のブリーフの大会のときには、もう臨床の枠で説明をするという形に変わっていた。記憶の中ではね。その前の経過を僕は知らないので、今日聞かせてもらってなるほどと思ったんですが、やっぱそこの変化の仕方が早すぎた。僕なんか、ややこしいから一番最後にやりなさいと言っているエリクソンから入って、なんでそんなに変化が早いのか、これが一番の不思議ですよね。臨床家として伸びるためにということを考えたときに。

森　中島さんともしゃべったときに思ったけれど、吉川さんも東さんも中島さんもそうやろうと思うけれど、我々ってエリクソンに対するリファレンスを持っているんですよ。エリクソンが言ったりやったりしたことに対して、自分の体験の中にリファレンスがちゃんとある。これって自分のあの体験と同じやという体験のリファレンスを持っているからエリクソンから学べる。私の場合はエリクソンを最初に学んだときも、エリクソンが言ったりやったりしていることを割と知ってた。こういうことが大事だ、こういうやり方という、もちろん知らないやり方もあるけれども、けっこうこれは知っているというのが分量として多かった。多分吉川さんも東さんもそうやと思うし、そうでなければエリクソンに食いつかないじゃない。何やコイツみたいな。

吉川　中島先生や東はわからないですけれど、僕はノンデレから入ってないし、分析からも入ってないですし、基本は邪道から入っている。だからしちゃいけないことに関する僕の中の縛りってきついんですよ。臨床上していけないことが何なのかを知らない人間だと思っています。知らない人間が、例えばエリクソンどうこうでとなったときに、赤信号みんなで渡れば怖くないじゃないですが、それが臨床的な形の中でやってもいい形のものなんだというふうに理解するという意味が、先生の言うリファレンスとして使えるものなんだというふうに変わったのはあると思うんですね。ほとんど確かにリファレンスであると言われたら、確かにその通りだと思うんですが、実際には、それは使っちゃいけないというふうにずっと思ってましたね。

森　思ってた。

吉川　そういうやり方というのは臨床ではなくて、ケースワークかなんかの世界だとか、それこそ社会的な活動をするサポートをする、支援をするという構造の中の関わりの中では使っていいかもわからないけれど、いわゆる面接という構造をベースにしている臨床的な応対ではやっぱり使ってはいけないものだと思っていた。エリクソンではなくて、自分の中の経験にあるリファレンスを参照枠として使ってはいけないという、その縛りがとれたというのは確かにあります。だから面接の中で脅しすかしはしちゃいけないと、ものの本には必ず書いてありますけれど、今平気ですよね。怒鳴り散らしていますから。それで人が変わることとなり、それで人が変化の入り口に立てるということをもう十分当たり前のように知っている。だけどやっぱり臨床では使ってはいけないという縛りってすごく大きな縛りだと思うんですよね。それをどの文脈であれば使ってよくて、使っちゃいけないのかというのは当然考えないといけないんだけれども、そんなまともに世の中で起こっている変化の材料を臨床だから使っていいのか、使っていけないのかって、若いときってやっぱり参照枠がないと怖いですよね。特に邪道から入っている人間は、正道な人間からなんか言われたらすみませんと謝るというのが仕事みたいになっている世界ですから。森先生が覚えてらっしゃるかわかりませんが、ちょうど先生にお会いした頃は、宮田（敬一）先生がいつも愚痴ってはりましたよね。吉川、どこでケンカ売ったたってお前みたいに怒られる人間はないけれど、俺はあの吉川をなんとかしろって怒られてたまらないわって。なんで俺のことで宮田先生が怒られるのかわからなかったですけれど、今はようわかりますよ。

森　（笑）

吉川　あんな危ないヤツどうするんだという話だった。昔、高石昇先生と双璧をなす東京の催眠の柴田出先生の会談の場面に宮田先生が呼び出され、話題の中心は私ですよ（笑）。あの吉川なんとかしろー!!　お前のせいだろうって言われて、そこに成瀬先生がやってきて、それこそまあまあという話をしたことがあった。その後、成瀬吾策先生が宮田先生に、俺の前に吉川連れて来いと言われた話は聞きましたけれど。

――　行ったんですか？

吉川　行きました。雁首揃えて行きました。そこから僕は成瀬先生と仲良しにならせてもらったんですが。いつも目をかけてもらっています。

森　まだお元気なの？

吉川　本当にもうお元気ですよ。スペシャルお元気。一昨年かな、うちの大学でお招きして、お願いして、去年の京都府の理事会かなんかで来られてて、信じられないくらいお元気ですよ。

森　へたしたら百歳近いよね。

吉川　いやいや、八十代後半。今年（二〇一五年）か来年くらいで九十の大台じゃないですかね。矍鑠《かくしゃく》としてます。もう三年前ですが、お呼びしたとき、九時半から講演なので九時に僕がホテルにお迎えに行ったら、いくら待っても現れない。どうかしたのかと思ったら、ホテルの外で待ってらして、お前遅いって。先生どうしたんですか、エレベーターの前で待っていたんですって言ったら、西本願寺まで散歩三十分くらいしてきた。いくらでもしゃべれるぞ、ですから。あり得ないですよ。おまけに会場行ったら、俺は座らんと言って、立って二時間しゃべりはった。そういう意味ではリファレンスから外れている、使っていいんだというふうになったとたんに、宮田先生とか、児島達美先生もそうですしね、何人かの先生にその昔迷惑をかけたなと思っていますよ。僕の首に誰も縄をつけられないというのがあったんで、怒るヤツは誰だ～って言ったら知り合い呼んできて、みんな怒られたんだろうなと思いましたね。その昔、東も僕の言いたい放題で何人かの先生からお呼び出しをされて、彼は怒られているという文脈でとらないんで、楽しんでますけれどね。他の先生はお前たまには静かにしろよと、言っていいけれど内緒で言えよとおっしゃってました。宮田先生は特に。お前はいいよな、やってもいいけれど、また俺が怒られるって。森先生は首に縄つけて誰かに怒られたみたいな流れはないですよね。

森　私が怒られる？

吉川　森先生の首に誰か縄つけろみたいな形で、宮田先生とか他の先生に言われなかった？
森　知らん、知らん。そんなに怒られたことはない。今まで誰からも。
吉川　そうか、いいな～。僕ほとんど偉い先生に怒られていますよ。お呼び出しの正座もんです。
森　なんか人を怒らせない雰囲気をもっているの私？
吉川　いやいや、僕よりは怒らせる雰囲気、先生の方が持っていますよ。
森　あっそう。
吉川　僕もケンカは平気で売るから、人を怒らせるんだなとは思いますけれど。森先生の方がすごいなと思いますけれど。
森　人を怒らせる雰囲気ね。ただ実際怒るかどうかや。こいつに怒ったらなんか百倍くらいで返ってきそう。
吉川　（大笑）
森　なんかそんなのを醸し出しているとか。私あんまり人に怒られたことない。
吉川　それはいいな～。僕なんか謝罪会見を何回やったことか。両手で足りないですわ。偉い先生の前で何回頭下げたかわからない。
——そんなにやっても反省はしなかったということですか。
吉川　反省するというよりも、謝りに行って、結果的に意図を説明していたら、わかるけれどそこまで派手にやるなという形とか、今度からこうしような、という話になって、後は皆さんと良好なお付き合いをさせていただいています。牧原浩先生も、昔にそれこそ山口まで土下座しに行った覚えがありますが、あり得ないですよね。でもそこから縁が切れたという先生はいないですよね。高石先生も未だにえらい気にかけてくれはっていますし、怒られて仲良くなったかもしれない。

セラピーで大切にしているキーワード

吉川　森先生が僕に向けて話したいことってないのかなと思って。
森　………。
――森先生、いつも聞いていること、聞きましょうよ。セラピーで大切にしているキーワードはってやつ。
森　何よ、それ。
――森先生だったらユーティライゼイション、コンフュージョンとか。こないだ、東先生がきたときに「ジョイニングかな」と言っておられて、「吉川先生だったらなんて言うのかな」と考えていたじゃないですか。東先生が「システムって言うんちゃうか」って。
吉川　俺は言わないと思う。システムって最初に浮かばないもの。僕のキーワードは、安定している日常だと思う。
森　自分の？
吉川　相手の。今どうなっているか知らないけれど、さっきの期待の話と同じだと思う。どうしてあげるといいのかなというのが僕の頭の中にあるから、日常だと思う。こっちのじゃなくて向こうの。それがシステムの中に関わりあるのかもわからないけれど、日常ってけっこう大変ですやん。山内さんに向けて言うのもなんだけれど。
――僕はふつうの安定した日常を送ってます。
吉川　いやいや安定させるためによ。日常って見えないけれど、それなりにアヒルの水かきみたいな努力をずっとしている。でもその意志がないと成り立っていないと思うんで、なんでもないアヒルの水かきが嫌になってくる。だから問題が起こって、「やってられるか、それどころじゃないわ」みたいな話になる。キーワードと言われたら臨床的には日常だと思うわ。こっちのではなく、向こうの。

――それを取り戻していく。

吉川　どうしたらいいのかな、どういうふうに考えているのかなみたいな形。例えば一番迷うのは生活保護をもらっているケース。ケースワーカーからリミットつきで五回でなんとかしろと依頼がくる。それ以上使ったら生保のお金の浪費だみたいなケースがきたとき、どの枠をどう外せばいいのだろうというのをすごく迷う。それを向こうに選んでもらったときには向こうも今の現状の中でしか考えられない形になるので、本当はどうなのと聞きたいんだけれど、五回じゃそこまでいかないし、どうしようかとやっぱりなっちゃう。だから本当の意味の日常は見えないという感じがすごくする。こっちがジレンマになる。もう一つはユーティライゼイションとか。

森　私のトップはユーティライゼイション。

吉川　僕の中でもテクニカルなこと言われるとそうです。コンフューズとかもそうです。

――吉川先生はコンフューズ、うまいですか？

吉川　コンフューズさせること？　前みたいなきれいなコンフュージョンはさせないけれど、ちょっとしたヤツは未だに好きだね。特にクレームをいれるとか、なんかするときは、ほんの小さいコンフュージョンが起こるじゃない。それがもうすごく、いけそうかなと思う材料になる。さっきの森先生の不一致、自分の中の不一致が起こるわけじゃない。外から言われることによって、それで自分の中でああ、なるほどと不一致がなくなる瞬間に変わっていくわけじゃない。それがやっぱある種の醍醐味だと思う。コンフュージヨンって結局、森先生の言葉で言えば、不一致の状態にあるということ自体を対象にして違う枠組みいれたら、それが不一致を全部自分で解消する材料になるでしょう。それは人ならではの論理的に、生理的に説明できるような話ではないわけ。

森　結論としては、意外と吉川さんはシステムや社会構成主義はどうでもいい人だった（笑）。

吉川　（大笑）システムはどうでもいいですけれど、日常につながっている用語をもしも出せと言われたら相互作用ですよね。日常につながるのはその相互作用なんで、その相互作用を説明するためにシステムがくっついているだけ。とはいえシステムと関係ないかと言われると、その相互作用を説明するのはやっぱりシステムにしないなというふうになっちゃう。そうなると、森先生や黒沢先生に怒られるんだけど。

黒沢　怒らないよ。私が理解しづらいの。それ言わなくても吉川さん上手にやってはるのに。

吉川　やっていることを誰かに説明してもらえればいいなと思います。だからエリクソンは卑怯ですよ。ああいうやり方を許容される立場にいたわけだから、本当にいいなと思いますね。説明しなくていい、教えることを体系化しなくていいのって。

黒沢　それはそうね。

吉川　一臨床家だったから許されるんだろうけれど、研究機関であるとか、なんかの形で社会的にやれているということを証明しなければならない立場の中にいると、成り立たない。

森　エリクソンは一時、大学の先生やっていた時期もあるよ。

吉川　大学の先生でやっていたのは催眠やっていた。彼は催眠はうるさいですもの。理屈は言わないけれど。催眠は彼はスペシャルうるさいですよ。ぜんぜん違いますがフロイトがエリクソンに会っていたら、しばき上げられているんだろうなと想像するのが楽しいですよね。フロイトはフロイトにならなかっただろうと。

——フロイトは催眠が下手だから精神分析を始めたという話もあるじゃないですか。なんで下手だったと思います？

吉川　個人的な感想ですが、僕はあまり知らないですが、物がわからない、物が観察できない。だって抱きつかれるまで気がつかないバカだと思っているから。観察できないんだこいつはと思いますよね。僕の印象ですけれど。森先生って催眠はいつごろから始めったの？

森　僕はいつからも、まだ始めてない。

吉川　あら、そう。森先生、箱根かな、演習でやれみたいに。

森　二、三人には付き合ったね。呼んでる手前ね。それ以外は勉強もしていないし、実際ケースにも五ケースくらいかな。ちゃんと催眠というのは。あとはやらない。

吉川　なんでやらないんですか。

森　恥ずかしいから。

吉川　恥ずかしい。面白い話やな。森先生が恥ずかしいってどう？

森　恥ずかしいだけ。吉川さんが何が恥ずかしいかは知らんけれど、みんな恥ずかしいのあるでしょう。

吉川　それと同じ恥ずかしい。

森　恥ずかしさに多分理由ってないと思う。恥ずかしいもんは恥ずかしいんや。恥ずかしくないもんは恥ずかしくないんや。

吉川　自分がやっていることを恥ずかしいとしかとらえられない状況になるっていうこと。

森　そうそう、そうそう。催眠って私にとってはとっても恥ずかしいんですよ。人がやっているのを見てるのもけっこう恥ずかしい。

吉川　そうなの。へぇ～。

森　ましてや自分がやるなんてちょっと勘弁。

吉川　そうなんだ。だって人がやっているのを見て恥ずかしい人が、あのワークではエリクソン催眠やらせてましたよ。

森　ええ、恥ずかしかった。ちょっと（笑）。

吉川　（大笑）

森　あれからやってない。

吉川　そうなんだ。人がやってるのを見ても。例えばエリクソンがやっているビデオをみても恥ずかしくなる。

森　エリクソンはちょっと違う。別個。

吉川　宮田さんがやってるようなのは？

森　宮田さんは十分恥ずかしいね。

吉川　中島さんのも同じ？

森　うん。

吉川　そうなんだ～。

森　中島さんがやっていて一番恥ずかしかったのは中島さんが会長就任して学士会館でブリーフの学会長になったとき、中島で～すって挨拶を始めたんですよ。わけがわからないことを話を始めて、ちょちょいって、トランスいれないと、すぐ覚めたもの。あんまり恥ずかしい。そういうことをしてる場合とちゃうんと会長挨拶しなさいと（笑）。

吉川　なるほど。なんとなくわかります。

森　その恥ずかしさと、私コンプリメントしないんですけれど、その恥ずかしさが同じなんですよ。
吉川　催眠とコンプリメントが同じ。
森　そうそう、恥ずかしさがね。コンプリメントもしないちゅうか、できない。
吉川　先生、結果コンプリメントはするでしょう。
森　そういっていただけるなら。
吉川　僕は結果コンプリメントはしてはると思うけれど、ヨイショやってるみたいな自分が恥ずかしいニュアンスはなんとなくわかります。僕もそうだから。
森　ヨイショはもちろん、こういう能力をお持ちですね、わりと定型のコンプリメントってあるやないですか、
吉川　僕も恥ずかしい。それは恥ずかしい。それはない（笑）
森　（大笑。）
吉川　僕は思わずすげえじゃんって、それは平気だけれど、定型通りやれと言われたら僕もしんどいな。
森　あの恥ずかしさは、催眠と全く同じ感じなんです。
吉川　それで森先生がという主体だったらなんとなくわかるんですが、他の人の催眠見てても自分が恥ずかしくなるっていうのは、僕の中でちょっとわからない。
——森先生は人のコンプリメントみていいて恥ずかしくなる人いるんですか。
森　なる人いるよ。やっぱり上手にやってくれないとね。下手なコンプリメント聞かされたら、こっちが恥ずかしい。
吉川　聞いてるだけで。
森　そう。聞いてるだけで。

吉川　例えば学会の発表で人がコンプリメントしましたみたいな話になって、指定討論になったら先生途中で恥ずかしい感じになる？
森　退席みたいな（笑）。
吉川　そうなんだ。それはなんとなくわからんでもない。下手なことをやっているとか、定型やっているとか、形式上やってるという形になっているということですよね。エリクソン催眠じゃなくて、伝統的な催眠のかけ方とかやってるのを見たらもっと恥ずかしいんですよね。なにかこう振っていて、意識集中してみたいなのはもっとダメ。
森　あんまりみたことない。そういう所には近寄らない（笑）。
吉川　なるほど。コンプリメントもダメというのは定型があるからか。だって臨床的にはいっぱいあるでしょう。大したもんじゃというコメントは関西人なら必ず出ると思うし。
森　でも一言くらいよ。
吉川　持ち上げる話になるから。言われた方はポンと言われた方が通るのはあるけれど。

エポックメイキングになったケース

――エポックメイキングになったケースってどんなケースですか？
吉川　今までの臨床の中で、エポックメイキングになったようなケース？
――自分の方向性が定まったようなケースとか、臨床観が変わったとか。
吉川　そりゃイニシャルケースの話だったら何も面白くないでしょう。

森　イニシャルケースで方向が決まった？

吉川　僕のイニシャルケースって難しいんですよ。ヘンな言い方ですが臨床家としてのイニシャルケースと、それ以前の、今の臨床と同じようなソーシャルサービスの中にいて、援助活動そのものを高校生のときからやっていた。だからそれはイニシャルケースにならないと思う。だから一般論でいうとシステム論にはまるような形のイニシャルケースはみたいな、きっとそういう話なんだよね。

さっき森先生がおっしゃった成功体験がいるだろうという話は僕も賛成で、僕の中の一番の成功体験になっているのは、今本になっているので面白くもなんともないんだけれど、やっぱり強迫のケースですよね。強迫のケースでお母ちゃんと娘二人で来てという形から始まって、なんとなく悪人なる気がするって話をして、二回目来たときにはけっこうそれほどひどくなかったみたいな話になって、でもしゃべっているうちにでもやっぱり悪かったかなみたいな話になってきた。これはやりとりがまずいなと思ったのでちょっとシフトして、それこそ当たり前のように教科書通りに、きっとどっと悪くなるに違いないというのを思い切り吹き込んだ。そしたら次回、ぜんぜん大丈夫ですと言う話になった。もちろん大丈夫ですと来た段階で私のびっくりというよりも、一回目、二回目はお母さんと本人だけが来ていたのが、面白いことに他もゾロゾロと来た。そこの家族は旦那もいるし、お母さんもいるし、母親の側のおじいちゃん・おばあちゃんもいるし、お母ちゃんのお姉ちゃんだったか妹も同居しているんですよ。けっこうなお金持ちで、それは本には書いてないかもしれないですけれど、なぜかしら三回目の面接、すごい良くなったと、親も認めるほど良くなったということがあるんだろうと思うんですけれど、呼んでもいないのにおやじとおばさんが一緒に来て四人で面接した。最初はなんで来たんだろうというのがわからない。当時は下っ端だったのでそれこそ自分で待合室行ってクライエントさん呼んで、先に部屋に入ってもらって、その後自分が入るみたいな感じ。こんにちは、お待ちくださいって呼んだときはお母ちゃんと娘だけだったので椅子を二つしか用意してない状況で、面接室入ろうかなと思ったとたんに、ズラズラと四人も入ってくるわけよ。すげぇびっくりして即座に椅子を出した覚えがある。わざわざお待ちくださいって言って、でも頭は混乱したまま。ふっと思ったのは文句つけにきたのかなと。変なこと言ってヤバイことになっているかなとか、半分ドキドキもの。でっかい親父と、これは想像だけれど新地あたりにお店を何軒も経営してるみたいなお母ちゃんで、お母ちゃんもお父ちゃんも経営者なのね。これは完璧にクレームだろうと。でもその割には親父が入ってくるときに普通は偉そうにするのに頭ペコペコ下げながら入っていったからそうでもないかもって、すげえ揺れていたわけ。それで中に入ったら、すげえ良くなってて、私からみても全然違うんで、何をしてもらったのか聞きたいと。胸をなでおろした。さっきの日常やないけれど、変化が起こったときに知りたくなるんだなというのがあってね、なおかつこっちの中の成功体験から言うと、すげえ粗っぽいやり方でやっているという中でも変化は起こるってこと。

その頃いろんな人たちを相手に勉強会でそのケースで説明させてもらっていると、よう粗が見えるの。二回目の面接なんか特にだけれど。変化起こって。えっ、そうなんだってニコニコしている雰囲気があるわけ。これってバカだよなと思うし、見たら恥だよなと思う。それを解説しているうちに何をどういうスタンスでどう言うかというのが作れたというようになっているので、成功体験であるけれど、同時に粗も見えたというのがありますよね。本にはおいしいところしか見せていないですけれど、その粗の部分を見せたら、なんちゅう粗っぽいんやと思うし、ちゃんとセラピー始めて一年半くらいのときの話なんで、粗っぽいちゃ粗っぽいんだけれど、僕がファミリーセラピーに出会って以降の一年半の間で、逆説かけて痛い目にあったというのは何回かあって、最初よくなっているけれどまた悪くなってきた話を繰り返しやったりとか、途中から変化が起こらなくなったりとか、そのケースだけは最後までちゃんと一つ区切りができたという成功体験になっている。そしてそれを起こしたときに日常がそんなに変わるんだというのが一番の大きな衝撃ですよね。僕はお母ちゃんと本人しか会っていないけれど、そこに関与しているという人たちの話は一応初回にはさらっと聞いているけれど、その人たちがやってきて、何したんですか、どうなっているんですかって、という話になった。実際に、みんなに波及する大きさの問題をつくづく思い知らされたというのがある。これはもうちゃんとそこまでみないとと、ホントに思った大きなターニングポイントになる成功体験だと思う。

ある意味では成功したケースの方が自分の粗ってよけいに見えるのかなとも思う。見直すんだったら失敗したケースよりも、うまくいったケースを見直す方がいい。うまくいったけれどもっと上手にやりたいという気持ちになるからもっとモチベーション上がる。森先生はそういうケースはあるんですか？

森　ありますよ。ヘイリーの『戦略的心理療法』を読んで、二泊三日のスキー合宿で、みんな騒いでいる中で私一人本のコピーを読んでた。当時いわゆるボーダーと呼ばれている患者さんの面接があって、スキーから帰ってきて、それでちょっと思いついたことがあったんでやったら、きれいに治った。そこからはもうエリクソン一直線よね。

吉川　なるほど。

森　あそこであのケースがあまり動いてなかったら、ブリーフの方に行ったかどうかもね。あのケースで成功したから確信した。読みながら、やっぱりそうよねと、頭の中ではその後の自分の心理療法の展開はできつつあるわけよ。それを現実のケースに適応してみた。

吉川　証明みたいなものなのね。やっぱりこれでいいんだって。

森　そうそう。その時も最初の『戦略的心理療法』という本を読んで、エリクソンから私が受けたメッセージは「お前の思っている通りにやれよ」というもの。
吉川　（大笑）
森　というメッセージをエリクソンから受けたので、「はい、じゃあ好きにやらせてもらいます」と（笑）。そういう感覚よね。
吉川　特に困っていたケースでもないんでしょう？
森　困っていたよ。一年半もやっていたから。
吉川　それだと余計にそうですね。
森　途中から変えてもよくならなかった。
吉川　お聞きしていいのかわからないですが、ヘイリーの中のヘイリーが書いている部分ではなくて、エリクソンが何らかの形のことを間接的にヘイリーに書かせている部分にピンときたということですよね。
森　めっちゃ。
吉川　あの本読んだ人の多くはエリクソンに行かないでヘイリーに行っちゃう人が多いでしょう。それはヘイリーがそう言っているんだという話にとるから。特に精神科関係の人たち多いのかな。ヘンな言い方だけれどエリクソンに行きつかない。というのが僕が初期の頃に思った印象なので、よう先生が最初からその元にあるエリクソンに行ったなと今聞いていて思ったんですが。読んでいるうちに違いが見えるんですか。これ、ヘイリー。これ、エリクソンって。
森　ヘイリーって、へそ曲がりが言いたそうなこと言っている。私もヘソ曲がりやから、そやそやみたいな。他にもヘンな治療者が何人か出てきているやんか。そこへは全く何の興味も起きない。だけどエリクソンという人だけは超いいね、今まで私が知らなかった治療者で、ここに何か落ちていそうやと、すごく感じた。

吉川　そうか、そうか。それこそだまされているんだと思う。いろんな人たちを見つけ出して、そこからある種の方法論を導き出したヘイリーがすごいんだと思って受け取った人の方がすごく圧倒的に多いんだけれど、最初、あの本はエリクソンが書かせたみたいな話らしい。もうエリクソンのやっていることから贅肉全部取っておいしいとこしか書いていないみたいな話。ワツラヴィックの『人間コミュニケーションの語用論』よりも戦略的の方がもっとソフィスティケイトされている形ですからね。

森　そう。

吉川　わかりづらい本だなと思いました。エリクソンが。ちゃんと読んでいるうちに違うっていうのがわかる。

森　そこから国会図書館通いが始まった。

吉川　なるほど。

森　他には文献ないからね。

吉川　本当に。その当時は何もなかったですよね。

森（左）・吉川（右）　2015/1/31

吉川　悟（よしかわ・さとる）　龍谷大学文学部臨床心理学科教授。臨床心理士。システムズアプローチ研究所所長、コミュニケーション・ケアセンター所長を経て現職。システムズアプローチによる臨床活動として、精神疾患から発達障害、メンタルヘルスを含め、家族や組織がかかわる臨床全般。初期段階から後進の臨床教育のシステム構築をテーマに、専門家の育成を精力的に行っている。主な著書に『家族療法、システムズアプローチの〈ものの見方〉』（ミネルヴァ書房）や『セラピーをスリムにする―ブリーフセラピー入門』（金剛出版）など多数。

第2章　コミュニティ・メンタルヘルスのススメ

遠山宜哉×森　俊夫×黒沢幸子

本来はコミュニティをやりたい

森　ブリーフは私の中では専門の一つではあるけれど、唯一の専門ではない。もっと大きな自分の専門性を形成する一つの要素にすぎないって、そんな感覚だね。本来はコミュニティをやりたいわけね。コミュニティ・メンタルヘルスが私の専門。それをやるときにブリーフセラピーのやり方でやっていかないと、コミュニティ・メンタルヘルスはできませんよって、そういう感じだね。

遠山　方法として非常にふさわしいと。

森　そうそう。精神分析ではできない。認知行動療法でもちょっと難しい。ロジャーズではできません。

遠山　コミュニティ心理学はブリーフの考え方と重なるところはありますね。

森　重なりますよね。まあ私が「重ねている」んだけれど。とくに福祉領域に関わっている人にはその考え方って非常に重要になってくる。

遠山　そうですね。

森　病院臨床や個別心理臨床とかだけやっている人にとっては、コミュニティはどうでもいいわけだから、考える必要もない。でも地域や産業、学校を相手にしたりしてる人にとっては、コミュニティって考えざるをえない。その中でどうやって役に立つのか。効率性ってすごく大事になるし、そのことを突き詰めて考えざるをえなくなるわけ。その中でブリーフというのが生かされていく。心理療法なんて、本当はどんなやり方でやっていたって好きにやってりゃいいと思ってる(笑)。一人ひとりが何々療法ですって立ち上げてさ。他の人はやらない私なりのやり方みたいなのを売りにして、高い金とって、それをやったっていいと思う。だけどそれは個別臨床の中で許されていることであって、コミュニティ臨床の中では許されることじゃない。

遠山　許されない？

森　許されないですよ。どっちかっていうと犯罪的になる。倫理にも抵触するし。

遠山　個別にやればいいというのはよくわかるんです。個別にやっていて、やっぱり商売として成り立つためには、ある文化がないとだめですよね。今まさに国家資格化（編集部注＝対談の約半年後、公認心理師資格が生まれた）しようとしているのは、そういう文化の上に乗っかっているからですが、国家資格ができれば、それがまたそういう土壌を作っていきます。ものの見方が変わってくるということだと思います。

ある程度の水準は満たしているからみなさんも使えるようになるという話だけど、それを作ってしまっていいのかなという気もするんです。資格を作るというときからすでに、資格化そのものがダメなんだという考え方がありましたけど。

森　うちの日本ブリーフサイコセラピー学会は、その立場だよね。資格化に関してはどこにも与しないという立場を今でも貫いているんじゃないですか。

遠山　ブリーフ学会ですか？

森　そう。

遠山　そんなことないですよ。

森　ああ、そうなの？

遠山　ええ。

森　変わったんだ。

遠山　だって、ブリーフ学会は推進協（臨床心理職国家資格推進連絡協議会）に入ってるじゃないかな。

森　そうか。じゃあ私がいなくなって変わったんだ。

遠山　資格化については、ブリーフ学会は心理の人ばかりではないし、進めたりしていいのかなっていう気持ちがやっぱりあったんですよ。とても臆病になってたんですけど、あんまり反対の声もなかったので、じゃあ推進の方でいいのかなというふうに思っていました。でも、国家資格をやりましょうというふうに決議したわけじゃないですよね。

森　うん。

遠山　ええ。そんな感じしましたね。

森　こんな資格がいいんじゃないかと、内容を議論したことも多分ない。

遠山　ないですね。

森　これがブリーフの伝統なんです。ブリーフの伝統が誰なのかというと、私だというつもりはないけれど。ある意味私と宮田先生の考え方って似ているんだけれど、宮田先生がなんであういう考え方になったんだというのは私にはちょっと理解できないですね。

遠山　先生とですか。

森　まあ、宮田先生の追悼会のとき、私は宮田先生のことを評して、非常に優秀なポリティシャン、政治家であると言ったことがある。

遠山　おっしゃってましたね。

森　彼をそう評した。日本だと政治家って悪い意味に使われることが多いけれど、人々を導いていく、方向性を示していく、非常に重要な人間という意味なんです。だからこれから心理臨床業界みたいなものを中心にどういう方向にもっていきゃいいのか、っていうことを宮田先生はちゃんと思ってらっしゃった。そういう意味で、宮田イズムというののほとんどは、今もう二十年三十年経った現在のブリーフのなかでもほぼ崩されずに残っている。資格は崩れたかもしれないけどさ。

遠山　でも少なくとも学会認定ブリーフセラピスト資格は作らなかったから。

森　作らなかったよね。それで……。今コミュニティの話になって、資格化の話になって。私的には意外な展開。

コミュニティのために

遠山　そうですね。まあなんかよくわからないでそんな話をしました。そういえばこないだ、自殺率が異様に低い町を研究した本（『生き心地の良い町─この自殺率の低さには理由がある』岡檀著、講談社）を読んだんですよ。海部町だったかな。
森　東北の？
遠山　いやいや、徳島県。
森　徳島？　ふーん。
遠山　徳島の一つの町なんですけど。慶応大学の博士課程にいた岡さんという女性がその町に目をつけた。自殺率が高いところは北東北三県ですけれど、そうではなくて低い所を調べた。自殺率を調べていくと、島嶼、人口の少ない島のところは別とするとその町が何か、人口対の自殺率の比率がとても低いというんですよ。
　この本は、ちゃんとした博論を一般向けにした本ですけど。面白かったのは、社会学者なんかが調査するときの指標になる老人クラブへの加入率とか、募金の金額――たとえば町内会で募金が回ってくるとどの程度みんなが乗ってくれるか、そういうことを調べると、そこは異様に低いんだそうなんです。じゃあケチかというとそうじゃない。地元の祭りに神輿を作るから金を出せって言えば結構大枚はたいて出す。しかし使いみちがはっきりしないような、そんな共同募金みたいなものは私はいやだという人がポロポロ出てくる。要するに回ってきたからお付き合いで出しますっていう人はあまりいない。他のものもそういう指標でみると低い。いや逆に低いからこそなんですね。すぐ隣の町とも全然違うんだっていうんです。で、この人たちは何なんだろうって。
　北東北はもう地理的にだめみたいな感じの分析になっていました。ああいうところでたとえば雪に閉ざされれば、お互い結束しないとやっていけない。それが大事なんだけど、でもそのことによって、結局お互いが遠慮しあう。たとえば何か苦しくなっても、すぐにはヘルプを出さないとか、そういうことでお互い遠慮しあって暮らしている。本当はヘルプを出すために絆というか連帯があるのに、こんなことでヘルプを出しちゃまずい、というふうにだんだん遠慮の水準が高まって、必要なときにヘルプが出せない。でも、海部町の人たちは非常に軽くヘルプを出すというんです。だから結局はあっさりしているというか。港町で、他所の空気がけっこう流れてくるようなところらしいんです。それで海部町の町の人たちに満足度みたいなのを聞くと、それもあまり高くない。そこが面白かったんです。

みんなあっさりしているんだけれど、でも助けもするんだよね。どうもあの人はうつで困っているらしいよ、みたいなことを聞きつけて、じゃあみんなで行ってみましょうかね、なんていうノリで一緒に行っちゃったりするような関係はあるんだって。だけど満足度というかな幸せ度でいうとそんなに高くない。小関（編集部注＝哲郎。ブリーフセラピーで活躍する心療内科医）さんなんかがやってるメーリングリストで誰かが紹介していたので読んだんですけど。ソリューションの考え方に似ているねなんて話からあったのかもしれない。

岡さんはこの町の人たちが幸せと感じているかどうか調べていますが、不幸せっていうのはあんまりなく、だからといってとても幸せっていうのもなく、まあ良くも悪くもないみたいなところが一番高いのがその町の特徴なんだというんです。この本を読んで、町がみんなで生きていくときにどういうふうになっていったらいいのかっていうのも実はあまりよくわからないなって。

そう考えると私の住む北東北も、自殺を防ぐために、もっと一生懸命お互い連絡を取り合ってやりましょうみたいなことをやっていくと逆にだめになるんじゃないかとも思うわけです。ただ、東北の話は地形的な問題があるから。

黒沢　（スマホを調べ）『生き心地の良い町』（講談社）ね。

遠山　そう、「幸せな町」というのではないんですよ。岡さんが面白いことを見つけたといって舞い上がってい

森　たら、町の人が何をそんなに喜んでいるのですか、みたいに言ってたというのも面白かったのですけど。昨日も白木孝二さんと話して（編集部注＝本シリーズ第3巻収録）、自殺の話って難しいし、まあそれでも減ってきてるから、有効な手段があるだろうと思われてる……。自殺の問題を考えるときに、けっこう重要なポイントの一つは、自殺ってインシデンスはそんなに高くないってことなんですよ。うつとはそこが違う。うつなんかそんじょそこらに転がっているじゃないですか。だから一人助けたって、集団としてはどうにもなんないわけ。でも自殺はインシデンスは少ないみたいだから、一人をもし助けることができたならば、けっこう数字に影響するのですよ。

遠山　うん、うん、なるほど。

森　しかも大都会よりも、小規模、中規模の方がめっちゃ効果ある。そんで、その中で結局はいろんな活動をやってきてわかったことっていうのがあるわけよ。むかし、私がまだ院生時代、新潟県立精神衛生センターが音頭を取って、新潟のある地域の自殺率がすごいからなんとかしようと研究を始めたわけ。他の地域よりも一〇倍ぐらい高い、シャレになんない高さなんだ。それで、まあ、新潟大学を中心に学者が投入されるわけ。精神科医の飯田真（編集部注＝元新潟大学精神科教授）なんかも一緒にやってた。学者の考えることって、原因とか要因を分析するとかで、一応、自殺となる原因としてはうつが、それまで考えられていた。

遠山　そうなっちゃいますね。

森　うつになってそして自殺に至るというモデルというのがあるんだから、とにかくこの全地域の、まあご高齢地域の、そこのうつ度を測定しましょうよとなったわけ。

遠山　全体の？

森　そうそうそう。しかも回収率上げたいから、ただ単に質問紙を回収してやるんじゃなくて、質問紙は使うんだけど、ご高齢の方だから、ちゃんと意味理解してもらうために一問一問、ちゃんとていねいに「これはこういうことってありますか？」みたいに聞いていった。ＳＤＳ（自己評価式抑うつ性尺度）だったか、せいぜい一〇項目、二〇項目ぐらいのテストで、一つ一つ聞いていったって、そんなに時間はかからないよね。

遠山　個別に聞いた？

森　そうそう。一人ひとりにさ。いらっしゃらなかったら、「また今度来ますね」みたいな感じでさ。そしたら回収率は上がった。それは一年目の計画で、とにかく状況をちゃんと分析すること。そして二年目は、そこを分析して何がうつを引き起こすのか、どういう原因が引き起こすのかっていうところを明らかにするっていうのを一年かけてやった。三年度目からようやく対策に入って、まあ普通のやり方でやった。どういうことが起きたかというと、二年度目から死ななくなった。要するに何をやったから自殺がなくなるという話じゃなくて、地域を上げてこの自殺なんとかしようよとみんなが考え、そして実際活動をし、そして話をする。

遠山　対策を立てる前から、それだけで少なくなっちゃった。

森　そうそう、そうそう。うつを治すために何するかの話じゃなくて、まず何とかしようという機運を高め、言ってるだけじゃなくて、実際に動く。過疎地といってもそれなりの人数がいるわけじゃない。それに対してスタッフは訪問に当ててさ。保健所に来てくれる人はいいけど、来てくれない人の方が危ないわけだから。来れない人には徹底的にマークして。とにかく一回でもいいから会って話を聞こうっていう活動をやった。それで二年目以降からぱったり自殺はなくなった。でもたま～に亡くなることはあったんだけどさ。まあそれもインシデンスの少なさってやつで、起きるときは起きるんだよ。いろんな理由で。だから起こっちゃったね、みたいな話になるわけだけどさ。でも低いままなんだよ。

遠山　はあ、そうなんですか。それも二十年とか三十年とか経っていますよね。

森　そうだね。私が院生の頃だからね。その他のいろんな挨拶の活動っていうのは出て来てるけどさ。結局そういう話なんだよね。どの地域でもいいけど行政がちょっとここの自殺やばいよって。だからみんなで少し気をつけていかんといかんよ。やばそうな人って、専門家じゃなくてもわかるときってわかるじゃん。

黒沢　新潟の松之山町ですね。一九八〇年代。高齢者を対象にうつ病のスクリーニング調査をし、必要な場合には面接など行うということをしたんですけど、十年の活動後には自殺率がそれまでの三割以下になった。この有名な研究ですね。

遠山　北東北は昔からなんとかしなくっちゃって言って、いろいろやってはいる。やってないわけではない。ただ県単位でなんかやろうと思うと、ちょっとサイズが大きすぎるかしらね。

森　大きすぎるね。県単位じゃなくてね。東京都でもせいぜい区単位でね。区でも成功しているところあるよ。

遠山　区でやれるんなら、人口からいうと岩手県なんてちっちゃいですから。

森　そうだけれど県に比べて区はちっちゃい単位だから機動的にいろいろ動ける。

遠山　そうですね。

森　区が目をつけたのが、これも単なる思いつきなんだけど、床屋に目をつけたんだよ。やっぱり変だよって気がつくっていったとき、普段のその人のことを知らないでは、最近様子変ねもなにもないやんか。それで人々が比較的定期的に行くところって、いろいろあると思うんだけどさ、床屋が上がってきた。理容院だけじゃなくて美容院もね。

遠山　風呂屋なんかもそうですか。

森　風呂屋もいいかもしれんね。

遠山　今は、あんまり外風呂に入らないか。でも理容室はそうですね。

森　風呂屋でも多分今も機能しているのはコインランドリーつきのところかね。

遠山　ああ。いろんな人が来ますね。

森　ああいう中で普段の様子も知っているし、ちょっと話の中であれ？　なんかちょっと様子おかしいよなあ、みたいなことに気づき、これはどうしたんだ、みたいな。相談あるんだったら言ってみろ、みたいな雰囲気でなくても、自然とどうした？　という話になっていくじゃんか。それでポスターが貼ってあるわけよ。自殺防止の（笑）。何かあるならここに電話かけて、とかいってね。力になりますよ、みたいなの。そのポスター見ながらしゃべっていたりするわけ。でも普通の散髪屋だからさ、一〜二回の研修を受けるわけだよ。

遠山　ああ、研修も受けるんだ。

森　最初は散髪屋も、なんで俺らがやんなきゃいけねんだって。

遠山　そうですよね（笑）。理容業界が手を挙げて、じゃあ一肌脱ぎましょう、みたいなことにはなってこない。

森　行政の人が働きかけて、理容業界に協力を求めたわけ。そしたら理解をしてくれる人がいたわけだ。その人を中心にポスター貼って、研修やり始めた。難しいコミュニケーション技術もなくて、要するに観察のポイントみたいなのを研修でやって。こういうときはやっぱり要注意って感じで。だって何を観察すればいいのかっていうのはこっち側だって知ってるわけじゃないじゃない？　だけど、中にはさ、「あーあの方、そういえば自殺して亡くなったんだよね」みたいなことを体験のある散髪屋さんが話すわけだよ。自然と出てくるわけね。そして、それが共有されていく。

遠山　うん、うん。

森　それでも一年ぐらいそんな感じで活動して、本業は散髪で自殺予防ではないから一生懸命散髪業もやってるんだけどさ。それでも三～四人の人が自殺したいって話になった人がいたけれど、その人たち死ななかったって。三～四人も救えたらすごいんだよ。

遠山　うん。

森　こういう活動なんだよね。だから自殺予防っていう観点からもわかるようにさ、そのほかのすべての面がコミュニティ・メンタルヘルスでさ、要するに活動のポイント、つまり担い手って誰かっていったら素人さんだってことなんだよ。特殊な技能を使うわけじゃないということだよね。誰もができる。誰にも役に立つ。そしてそんなに勉強する時間もかからない、二年間もずっと研修に通っている必要はない。そういうのがコミュニティ・メンタルヘルスを支える人々なんだよ。

遠山　その場合の床屋さんみたいなのがキーパーソンというやつですね。そういうモデルっていうのが、たとえば個人療法って今やっているものの中に、どういうふうに持っていけるか、っていうことですよね。あるいは、もう個人なんかはあきらめろっていうか、そんなものはやめちまえっていう考えもありうるかもしれない。

価値っていうことを考えると、たとえば今の価値っていうのは、もっと楽になるとか幸せになるのを支えてあげたいというふうな気持ちでやっているかもしれないけれども、それでいいのかっていうことですね。本人のニーズはそうだけれど、ニーズだけをやっていていいのか。コミュニティ・メンタルヘルスの価値、つまり人は死んじゃいけないとか、自殺はしない方がいいとか、そういうのはどこで決めるんですか？

森　コミュニティ・メンタルヘルスの価値は、近代でいうとウェルビーイングだったよね。最近はどっちかっていうと、リカバリーみたいな意味。

遠山　ああ、そうですね。

森　障害があろうがなかろうが、自分の人生に満足し、その中で自分の生きがい、やりがい、達成感というものを獲得するっていうのが人生の目標。病気を治すことが目標ではない。そういうリカバリーの概念が今、中心になってるよね。

遠山　医療が治すことだとすると、今のものはリカバリーになっていると。個人療法でいうと、まあ何だろうな。本人のニーズって何なんだろうっていうのが、実はよくわからなくて。つまり今までの療法、本人のニーズって言ってるけど、本人のニーズを大事にするっていう価値が、それはどういうことで担保されているのか。そこんとこがね、なんかずっと引っかかっているんです。結局、何かそれまでの絶対的な価値が崩壊して、そのあと何もなくなったところで、いわばサイコセラピストが神になったみたいなことですよね。つまり、この人たちが今、新しい神様が死んじゃった後の神になっているっていうことを言われるわけだけど、結局それは、何か新しいことを提示してるわけじゃなくて、「みなさんなんか自分で好きなの選んでください、私はそれのお手伝いをします」って言ってる。こちらから何か提案しているわけじゃないんです。まあだけど結局それはある価値を提供していて、世の中に土壌を作っていくわけだけど、そういうのでこれからいいのかな、やっていけるのかなって考えてる。

森　なんかやりにくいと思います。我々は常に、いわゆる個人臨床というやつとコミュニティ臨床というやつを明確に概念を分けてやってる。そのときの目的も方法論も、評価の仕方もすべて違う。だからそれを一緒くたに考えるっていうところからおかしなことが起こる。だからその二つのことをきちっと分けて、こっちはこっち、こっちはこっち、でやって、ただ実際やるときは個人臨床もやんなきゃいけないし、コミュニティ臨床も両方やんなきゃいけない。両方やんなきゃいけないんだけど、たとえば自分の立ち位置として、自分はどちらかというと個人臨床立ち位置、あるいは自分はコミュニティ臨床立ち位置っていう、自分の立ち位置の重心の置き方をもっともっと自覚するというか明確に自覚する、っていうことが望まれると私は思ってるのね。

遠山　なるほど。

森　それなくしてやってたら、非常に混沌とするし、混乱するし、結局そこで行われる活動はすべて中途半端になり、効果は減ずる。効率は低くなりっていうことになる。それだったらなんも考えないでやったほうがまだマシだ、みたいになる。

遠山　それは何か棲み分けみたいなことですかね？

森　棲み分けだね。

遠山　つまり個人療法の方は現状でいいんじゃないかってことですよね。

森　ううん、まあね。私の言い方すれば、私はコミュニティ臨床派だからさ、ほとんど個人臨床の人たちの肩を持つ気はないわけね。なので、個人臨床の人はお好きにどうぞ、お好きにやってれば、みたいな感じ。役にも立たないだろうけどまあそんなに人に迷惑はかけないよね、ぐらいの思いしかないわけ。だからどうでもいいの、私にとって個人臨床って。

黒沢　でも日常的にはそれ一部でやってらっしゃいません？

森　やってるよ。やってるんだけど、土台はコミュニティ。視点というのか視角っていうのかな。仮にきたケースが一人であったとしても、この一人のケースを私や黒沢先生はコミュニティ的に扱うんですよ。決して個人心理臨床的には扱わない。だから黒沢先生なんかもKIDS立ち上げるときにブウブウ言ってたもん。やりにくい、やりにくいって。

黒沢　だってコミュニティの情報が入ってこないんですから。それまでスクールとか産業とかでやってきたから。個別開業しているとそこで初めてこんにちはって来談されて、まあ紹介者から若干の電話か今だったらメールなんかの情報があったとしても、それぐらいしかないじゃないですか。でもコミュニティ臨床だとその人がどういったところに所属して、誰と一緒にいるかっていうのもわかるし。

森　家族って最小単位のコミュニティだけど、私の中ではやっぱり個人ケースなんだよね。まあ、東豊さんが「一人と会ってたって家族療法なんだ」っておっしゃるように、今私たちが言っている場合も、一人と会っていたってコミュニティ臨床なわけで。だから感覚の話なんだよね。ケースをどう見るかの話。

黒沢　一人のケースを見ててもコミュニティの感覚なんだっていうのをもうちょっとお話しして。

生活だよね、やっぱ

森　コミュニティって、要するに生活の場の話じゃないですか。そこへ集う人々がコミュニティメンバーであり、生活がある。その生活情報をきちっと頭の中に入れて関わるっていうのがまず第一番に非常に重要なコミュニティ臨床という視点。心理の視点っていうのは、ここをスルーするじゃないですか。何時に起きて何時に寝て何食ってるかなんて聞かねえじゃん？

遠山　うん、うん。生活。

森　生活のこと聞くよ。すごい聞く。

遠山　福祉なんかでも生活って言いますね。

森　そうそう。大事なのは生活。そこでそれぞれの人がいろんな思いを持っているだろうけれど、ある種のいろんな思いを持ちながら、どんな生活をしているのか。その生活に対してどういう生活を手に入れたいと思っているのか。それに対して我々は何ができるのかっていう発想だよね。常に生活というやつが、メインテーマになるので、したがって目標やゴールも具体的になる。決して抽象的になることはないよ。

遠山　たとえばその精神分析とか、まあロジャーズでもいいんだけど、そういうこととは違って、という意味ですよね。

森　そうだね。気づきもあまり言わないし。生活に役立つ気づきなら気づいてもいいけどさ。「そうか、この猫は実はキツネだったんだという気づき」とかはどうでもいいと思うんだよ（笑）。生活じゃないからね。それと目標は常に具体的に。もし入院している患者さんだったら、外来通院でできる方がいいだろう。外来でやってけるんだったらそのまま地域で生活できるっていう方がいいだろう。地域で生活できるっていうんだったら家で生活できるのもいいだろうけれども、自分の家庭を築けるようになったらもっといいじゃない。そういうことが日本の精神科医療の中では、すべてあきらめられていたわけだ。それが目標になっていない。それまでの精神科医療の目標は症状緩和だけ。病気を治すとこまでいってないよ。

遠山　うん、都市生活者にとって、当然コミュニティというのがだんだん希薄になっていくでしょ。

森　ああ、なってくる。

遠山　もちろん朝起きたり何食べたりというのは当然起こるから生活はあるんだけど、その生活がどれだけ地域というものと結びついてるかっていうと、かなり抽象的なところで生きている感じがありますね。

地方と都市

遠山　心理療法も非常に都市型の活動ですよね。心理療法って、なんかこうオフィスがあって、そこへ訪ねて行って、あとは絶対知らないっていう形をキープしようとするわけですよね。逆にいかにそのコミュニティ色を排除していくかっていうか、いかにピュアにその人の心なるものをだけを取り出して、あとの関わりを一切絶って作っていくかっていうことに専念しているし、そこを倫理にまでしちゃってますよね。それっていうのはたぶん、非常に時代的なというか特異的な関わりを持っていると思うので、だから先生のおっしゃるコミュニティを意識したというのはそうなんだけど、まあ時代とかこの今の状況との兼ね合いもありますね。それでも私たちがそれをやると、それに加担する。その時代に乗ってやんなきゃできないけど、かといってどっちかというとそっちを先導していくんじゃないかっていうかね。

森　先導する？

遠山　つまり地面から足が離れたような……。

黒沢　非日常的なっていうこと？

遠山　生活自体がもうそうなっているのに、さらにそこからできるだけ離したところで、オフィスで何時から何時まで、ここだけよ、みたいにして会っていくっていう形をどんどん作り上げていくことで、その人の頭の中にできていくもの、育っていくものっていうのは何なのかなって考えると、そういう文化を、私たちがだんだん育てていっちゃってんじゃないかって思うんです。だからそれをどういうふうに戻していくのか。みんな地に足がついていない生活をしているところで、どうやってそれを戻していくかなんてことは、僕らの仕事の範囲じゃないかもしれないんだけども。なんかそこに楔を打つみたいなことができないかなぁと。

森　今、遠山先生はすごくたくさんのことをおっしゃった。例えば地方と都市。地方と都市は全然違うよね。地方の場合は空間的には過疎。いろんな人とわーっと集まることはなかなか難しいんだけれど、ある特定の少数の人との関わりっていうのは逆に濃密だったりできる可能性があるわけね。都会っていうのは周りにたくさん人がいるけれど、いたって関わらない。だからそれは組織作りの方法の話なんだよね。この地域、この人口密度で、こんな交通状況で、っていう中で、人々の関わりっていうのを少しでも多く雑談のできる場所っていうものを作っていくためにはどんな仕掛けを作ればいいのか。それは一つひとつの地域によって違うと思うし、それはうまく考えればどんな地域であっても成功しうる。過疎だからダメ、都市だからダメっていう話にはまずならないと思うけどね。

　ちょっと話がずれてきたかな。コミュニティ臨床やっててよくわかるのは、必ずしも人と人々を関わらせりゃいいというわけでもないじゃない（笑）。

遠山　そうですよね。おっしゃった生活っていうのはそういうことですよね。生活には関わんない生活だってあるね。

森　そうそう。実際、一緒になんかやったりとかさ、わーって感情表現したりとかさ、そんなことしなくたって、でも一緒にいるよねっていうその感覚さえあればいい。

遠山　そうですね。

森　それってどんな空間なんだろ？　そういうのも考えていかなければいけない。ちょっと話ずれちゃったけれども、こういう話もすごく大切なことですね。

遠山　個人療法の話ですけど――私たちのそういうオフィスの面接空間の作り方とかっていうのが、非常に都市的というのかな。非常に抽象的なものになっている。そういうふうな空間を作ろう、作ろうとしてきた。たとえば今、ひきこもりという問題があるけれど、いかにしてひきこもっても生活できるようにするかっていう方向で、私たちの文化が進んできたわけなんですよね。まあそれを目指したわけじゃないけど。でも、どこにも行かなくてもカチャカチャやると食べ物が届くような、そういうものを作ってきたわけですもんね。ネットをつなげば、ちゃんとピザが来るというふうな。閉じこもっていいようにいいように作ってきたわけ。だから、持ってきた人にありがとうと言うこともいらない。それでまさにひきこもりを最大限に生かして、仕事もそれでやるとか、そんなこと起こってるんですけれど。それってどんどん自分に内閉的になっていく。たしかに接触しないっていうこともあるんだけど、じゃあとにかくみんなでワアワアやればいいかというとそれも違う。でも、確かに人がいるっていう感覚、そういうものは大事かもしれないって思うときに、どんなことがこの業界の発展型としてできるんだろうなって考えるんです。コミュニティでやるとそれは常にそれを考えているということですよね。

森　まあ、そうね。

遠山　個人療法については冒頭で、好きにやってってって言われちゃったんですが、どうしてったらいいんですかね？

森　個人療法家でも集団療法ぐらいはできるでしょ。

遠山　できるんでしょって、知らないですよ（笑）。

森　家族療法って逆に難しかったりする。集団療法ぐらいはできるようになっていってくれないとね。本当に一対一しかできないんじゃね。それで食っていくっていうのはなかなか無理だよねえ。

遠山　そういうセッティングに人を集めるっていうこと自体がもうえらい騒ぎじゃないですか。出てこないんだから。
森　ああ、参加者がね。ていうかセラピストが出てこないんだよ。
遠山　（笑）
森　参加者が出てこないのはひきこもりだから当たり前じゃない。じゃなくてそういう人たちってのを集めようと、その集団療法的なことやりましょうっていったときに、そうね私もそこへ参加したいですって言ってくる心理の人は、少ないね。
遠山　そのときにやることが、たとえばソーシャルスキルを磨きましょうみたいな話だとだめなんだよね。
森　ええ、それではだめ。
遠山　ね（笑）。ついそれをやりそうになっちゃうので。
森　うんうん。それしか知らないからさ。
遠山　そうするとなんかその従来の臨床心理学的なアプローチというか、個人アプローチといわれていたものがどこまで役に立つのかってかね。どういうふうに変わってったらいいのかとかっていう。考えなきゃいけないんじゃないかなと。
森　いけないと思いますよ。われわれはその辺に関しては強い危機感を持っているんだけど、編集部の山内さんどうよ、他の人たち見て危機感を持ってると思う？　このままでは、我々本当にだめなんじゃないのっていう危機感ってある？
――お金が稼げないっていう問題？
森　お金のことも含めて。

——基本的に出版社とお付き合いしている人の多くは大学の先生なので、そこまでの危機感はあまりない方が多いのかなとは思います。でも、今の若い人たちはかなり厳しいことになってるのが現実です。三〇歳、本来ならば頭もいいんだから、普通に会社で正社員として働いていたら一年に五百万以上稼げてもおかしくないような人たちが、その半分ぐらいで働いている現実がやっぱあるんで、そういう意味では危機感はありますよね。ただそれはやっぱり政策の問題なんじゃないか、みたいな捉え方をしている。資格問題だとか、保険点数だとか。それさえクリアされればよくなるのではないかという期待はありますよね。

遠山　だけど年収少なくなっても、この道でやりたいという人はいるということですよね。

——いますよね。あと個人の資質というか、腕の有る無しみたいな。まあ腕があればもっと食える、給料も良くなるんじゃないかっていう認識を皆さん持っているのかなあ、とは思いますけど。

遠山　だからわずかな収入の中からまた高い研修費を出していくわけですよね。

——でも、集団療法を学ぼうみたいな意識が危機意識と結びついているかというと、よくわかりません。でも一方でたとえばうつ病が広がっているじゃないですか。発達障害というブームと言っていいのかわからないけれど、ムーブメントもある。昔で言えばアダルトチルドレンとかも。そういう患者さんが増えることが心理臨床家の食い扶持になることは確かなんでしょうが、それはコミュニティにとっていいことなのかって思います。

もちろん、そういう障害や病いで大変な人生を歩んで、不幸を感じていた人たちがそういう言葉、うつ病とか軽度うつ病とか新しい言葉に気づいて、俺はこれだったんだと、で治るんだったら、幸せになるんだったらＯＫという考えもある。けども、本当にそういう病いに困ってた人じゃなくても、単に自分の人生がうまくいかなかった人たちがそういう言葉に飛びつくところが出てきますよね。疾病利得みたいな感じで自分のことを認識して、俺が不幸なのはこのせいだってする人たちはいるので、そういう人たちをケアすることになって……なんかマッチポンプですね。まあ、出版社もそれに大いに加担していますが。

遠山　そうですね。

森　うん。

遠山　うん、自分たちで作って。まあどっちが先ともいえないけれども。でもそのマッチポンプで成り立っていきゃあ業界的にはその方がいいのかもしれないけどね。でも一体何をやってんだ?! みたいなことを考えることにならないのかな、というのがありますね。

スピリチュアリティ

遠山　たまたま先週かな、フランクルのロゴセラピーを紹介する講師（勝田芽生さん）がドイツから見えて講演されるのを聴いたんですけど、いかに自分が人生に意味を持つかっていうことをやるのがロゴセラピーだから、どっちかっていうと少し教育的なんだとおっしゃってました。導入的なお話なんであんまり中味に入らなかったんだけど、けっこういろんな業界の人が来てるんですよ。心理だけじゃない。お医者さんもいるし、看護師も社会福祉士もいて、いろんな人が関心を持っている。仙台では何回も連続の研修があって、いろんな人がおっかけみたいになってくるんですよ。

そういうあり方って、今のところ私にはまだ違和感はある。でもその考え方は、いわばさっきのような自分の幸せとか自分の快だけを求めていくとすぐ行き詰る。そこに何の意義があるのかっていうことを考えていくことで転換するという。だからまあ、たとえばリフレーミングとか、そんなようなニュアンスを感じる。リフレーミングなら何でもいいんだけど、向こうは何でもいいんじゃなくて、意味に持っていかなくちゃいけないっていう考え方なんです。意味とか意義とかに持ってかなくちゃいけないってとこが一方的なんですけど。それはまあ一定の価値を提示していくわけですよね。だからその意味では先生がおっしゃるような勝手にやればみたいなことのひとつは、意味を見い出しましょうってことで、まあこれ宗教的になっていく。セラピーはそういうことで生き残っていくしかないのだろうか。

　フランクル自身が宗教性を非常に排除したと言ってるけど、でも宗派性を排除しているだけでスピリチュアルですよね。「これからはスピリチュアル」なんてことは言われてるけど、でもなんか日本人はとくにその宗教性というものに関して非常に警戒的ですよね。だからそこはスピリチュアリティなんてことを横文字で言われると何が始まったのかなと思うけど、向こうの人にとってはそんなに珍しいことじゃなかったんじゃないかと思う。そういうところは私たちは実はあまりよくわかっていない。なんか宗教臭さをちょっとでも感じるともう拒否的になっていくっていう感じがあって、そういうところにもしかしたら突破口のようなものがあるのかも知れないなと思ってます。

森　その辺も心理療法が抱える一つのテーマ。心理療法とスピリチュアリティの関係。必ず出てくるね。とくに年取ってくると出てくるし。東（豊）さんでも言うようになってくる。

遠山　そうですね。東さんはびっくりするなあ(笑)。とくに仏教系の龍谷大学に行ったからかなあと思ったんだけど。元々東家はそうなんですか？　檀家さんなの？　門徒なの？

森　神戸松蔭女子大学にいた頃から言ってたわけだからさ。あそこはクリスチャンの学校だけど。

遠山　随分前から、たしかに宗教書の引用ありますもんね。

森　東さんのスピリチュアリティっていうのは、いかにも技法的ではある（笑）。高度な精神性っていう感じはあまりしない（笑）。でも、まあみんなスピリチュアルに行くよね。

遠山　なんでそういう年配にならないと行かないんだろう。

森　多分若いうちは、もうちょっと七面倒くさいちゃんとした説明を考えようとするから。年取ってくるとエネルギーなくなってくるから、お手軽にこの辺でいいかみたいな。一応年だけ取ってくると言葉の洗練度はだんだん覚えて、ここはこういう言葉で表したらいいってな感じで技術が高まるからだと、私は思ってますけど。

遠山　言葉はないんでしょうね。だからなんかこう宗派性のある言葉しかなくて、それでそれは何宗の言葉でしょう、みたいになってしまうと共通語じゃなくなっちゃう。

森　私は別に宗教が嫌いなわけじゃない。イスラム教はまだちょっと勉強が足りてませんが。一応、仏教とキリスト教はそれなりに知っているつもり。いつも言ってるから最近飽きられているんだけど、私はたぶん宗教性に走らないと思う。

遠山　うん？　宗教性に走るってどういう意味ですか。

森　宗教的なこと、スピリチュアルな言葉で語るということをしないってこと。

遠山　うん、うん。生活の言葉で語る。

森　そうね。あるいは科学の言葉。サイエンスの言葉だね、私は。

遠山　うん、うん。

森　その大きな理由の一つはミルトン・エリクソンがそうだったから。エリクソンはスピリチュアルなものは何にも言ってない。彼がやったことは絶対スピリチュアルで言った方が早いのにね。でもエリクソンは絶対しなかった。

遠山　うん、うん。
森　そこは本当に尊敬に値する。私は元々理系だからさ。だからある種、科学者、サイエンティストで行きつく先っていうのは、あんな感じになるのかなって思ってる。理論をつくってないし、エビデンスをなんとかしますみたいな文言をいっぱい書いているわけではないけれど、きちんと科学的な発想に基づいてすべてのことを処理していくって。あれこそが本物のサイエンティストであるっていう感覚はあるね。それが一つ。もう一つはこれを言うと笑われるけど、私が神だから。だからほかに神はいらないんです。だから神について一席をぶつ必要性もない。俺を見ろ、と。
遠山　うん……。
森　そんな感覚なんですよ。
遠山　よくわかんない（笑）。
黒沢　もうちょっとわかるように説明された方がいいんじゃないでしょうか。
森　どこがよくわかんないのかがわからない。私はそういう感覚なんですよ。たとえば悟りの言葉としていろんな言葉がある。単に知っているだけでもなく、ちゃんとこれはこういう意味だよねと理解しているだけでもなく、それはこういうことだよってほとんどのことを私は知ってるって説明すれば、そうなるかな。悟りっぽい言葉ってあるじゃないですか。
遠山　それはだけど、それこそスピリチュアリティじゃないんですか。
森　まあスピリチュアリティといえばスピリチュアリティだけど、私がそんなこと言う？
遠山　それっぽいこと言わなくても……。
森　言わないでしょう。

遠山　うん、うん。まあどういう言葉を使うかっていうこともそうなんですよね。今つまり言葉がないわけですよね。いわば森先生が使ったらおかしいと思われるような。そういう宗教的な言葉っていうのしかない。だからスピリチュアリティっていうけど、要するに今の話だと説明面倒くさくなって、十把一絡げでこのスピリチュアリティって言ってしまうっていうことですよね。

森　ただスピリチュアリティを信じてないのかと言われるとそうでもないんだよなあ。半分は信じてるんだよね。これももう毎回言ってるから飽きられてるけど。前世、現世、来世ってあるんですよ。

黒沢　イメージとしてある？

森　そう、イメージとしてある。

遠山　前からですか。それとも病気になってから？

森　一番最初に意識したのは、黒沢先生と会ったときなの。

遠山・黒沢　（笑）

森　上智で、あの時初めて会ったんだよね。

遠山　ビビッときた。

森　うん。意気投合した。

遠山　そうそうそう。証拠写真もありますね。

森　うん、うん。あの時私には何が見えてたか、隣の洞窟に寒そうに焚き火に当たっている黒沢幸子が見えてたんです。

黒沢　毛むくじゃらだったんだそうです。原始人だから（笑）。

遠山　なんだ服を着てないんだ。毛むくじゃらで。

黒沢　毛皮を着てたんじゃないですか。毛むくじゃらっていうか、まあそのなんていうかボウボウしてる。
遠山　毛皮を……（笑）。何世代前ですか。
黒沢　大分昔だよね。
森　大分昔だよね。それ以来、現代であの上智（大学での学会大会）の後のお店で会う前の記憶は欠損している。
遠山　なんでそこ行くんだろう話が。わかんなくなってしまった（笑）。
黒沢　スピリチュアリティ（笑）。
遠山　いやたしかにスピリチュアリティはちょっと安易な言葉でしたね。
森　私は来世も信じてる。だから私、今ガンであと余命いくばくもないよ、と言われても何の恐怖もない。
遠山　恐怖もない。
森　だからなんだ、みたいな。早く終われよぐらいの勢い。だって次やりたいことあるんだもの。
一同　（笑）
森　現世でやることは基本的には自分はやり尽くした。
黒沢　わがまま放題やってますから。
森　何も遠慮してないし。
遠山　それってまさにスピリチュアリティでしょうね。スピリチュアルな話ですよね。
森　うん。
遠山　それは価値じゃないのかな。
森　価値なんだね。

遠山　うん。

森　価値を決める枠だよね。スキームになるのかな。来世があると思えば現世の価値が決まるじゃない。

遠山　たとえばスピリチュアリティっていうのも、別に個人に内在化したものじゃなくて、コミュニティとくっついていると考えられないですか？

森　そんなふうに考えたことはないね。そういう考え方もあるかもしれないけどね。

遠山　つまり、スピリチュアリティっていったって、この辺の頭の中に雲のようにあるもんではなくて、生活の中にそういうものがもっと息づいているみたいな。生活の中にしかないって。

森　うん。

遠山　……っていうことでいいと思う。そんなこともあるかなあと。

森　うん、あるかもしれないね。今は大分原始でね、昔はそうだったのかね。シャーマンの頃は。

遠山　うちは浄土真宗なんですけど、父親が真宗王国と言われた福井の出なんです。一揆を起こすぐらいだったわけですし、鹿児島は真宗の弾圧があったんですよね。隠れキリシタンじゃないけど、洞窟に入ってお念仏を唱えてたっていうのがたくさん出てくる。ああいうのも、あの人たちのコミュニティ。正に生活の中に入ってった。そういうところにまさか戻れとは言えないけれど。

森　まあね。

遠山　戻せないし。だけど何かそういうものっていうのは新しく、何かの形で打ち出せないと。

森　おそらくね。

遠山　どんどん内向化していくのを、時代はそれを許すようになっていく。今度の震災で、お茶っ子サロンとか、さっきのお話じゃないけど集える場所をとにかく作りましょうって一生懸命やってきた。これも自殺やひきこもりとかの対策で、それなりの効果を果たしてるんだろうなあとは思う。でも、ああいうところに出てきたくない人はたくさんいる。わざとらしさがあるんですよね。しかもいろんなところから、わけわかんない人がどんどん来るし。

オープンダイアローグ

遠山　白木先生からオープンダイアローグの話は出ましたか？　あれはちょっと怪しいけど、どうなんでしょうね。
森　うん、アンダーソンたちが怪しい。
一同　（笑）
森　家族療法家が怪しい。そこでやってる実践家たちは怪しくない。
遠山　ん？　家族療法家たちが怪しいのであって、オープンダイアローグを始めたセイックラたちは……。
森　元々活動やってた人たちがいるわけじゃない。あの人たちは何も怪しくない。
遠山　なんでこの時期にあれが出てきたのか、よくわからないんです。何か目についたんですね。
森　まあ社会構成主義の流行りの一環？
遠山　けど、それだってそんなに新しい話じゃない。もっと前から出てきてもおかしくないし。オープンダイアローグはもう前から出てますよね。知らなかっただけだったりして。
森　どうなんだろうね。それもあって社会構成主義がそれこそエビデンス的なものすべてを毛嫌いしてたから、ああいう実践でこっちの方がうまく行きましたよって言うことすら言いたくなかったんじゃないかと。

遠山　なるほど（笑）。ディフェンスなんかない方がいいって？
森　ああ、どうだっていい。
遠山　あれ、でも相当な運動ですよね。
森　運動だよ。
遠山　強く反精神医学じゃないけどもかなり薬物療法を批判したりしてるし。
森　それはその家族療法家たちがね。
遠山　ええ、あの一派が。もちろんお薬は使ってますけどね。
森　現場の人たちいろんな人いるけど、そんなに反薬物ではないよ。
遠山　使ってますけど、それがむしろ病気を長引かせたり、作ってしまったりしてるってことに関する批判はありますよね。だから絶対だめっていう否定じゃない。使い方に対して、まあ批判的。
森　それの一つの理由はまず対象ね。割と若年の統合失調症をメインターゲットにしてる。
遠山　絞ったってこと。
森　そう、研究所が絞った。それがひとつ大きいよね。そこにターゲット絞ればたしかに薬物よりはコミュニケーションでやったほうがいいという結果が出るというのはあるよね。あとはそこに家族療法家がのっかっていったから、ますますそこを強調した。
遠山　そこが怪しいと。なるほど。さっきのコミュニティ・メンタルヘルスにつながりますか。
森　あれはコミュニティ・メンタルヘルスですよ。
遠山　ですよね。医療が濃厚に関わってるわけですね。
森　我々だったって一応医療なんで。

遠山　そうですね。
森　医学部としていろんなフィールドに関わっていったので。基本的にこっちは医療だと思ってやってますよ。
遠山　たとえば「べてるの家」は心理がいないんじゃないかな。
森　うん、いないね。
遠山　いらない。
森　いらないんだよ。
遠山　いらないんですね。
森　いらないからケネディが一生懸命心理に仕事を与えようとしたわけだよ。あなたたちこれやってよと。やったんだよね。そこから尻に火がついて心理の人もこういうことやんなきゃいけないみたいな感じでコミュニティ心理学を立ち上げたわけでしょ。そこからのものだからそもそも歴史が浅いし、感覚が身についてない。
遠山　身についてないってこと自体がわからない。わかってない。伝わってないっていうかね。そういうものが足りないということがよくわかんない。そもそも、そういう価値観じゃないような気がする。
森　心理の人がね。
遠山　そうです。
森　でも、遠山さんはわかるでしょ。遠山さんは福祉の人だよね。
遠山　違いますよ（笑）。
森　違うの？
遠山　福祉学部にいるだけで、なんで自分が福祉学部にいるのかなあと思ってます。

森　ああそう。アイデンティティは心理なの？

遠山　そうですね。社会心理だと思うけど、まあ心理ですね。だけどやっぱり心理はうさんくさいと思ってるんで、あんまり濃厚には関わりたくない（笑）。資格化とか臨床心理士養成とかで、いやおうなく臨床心理士の資格をもう十二分にも生かさしてもらっちゃったし、もうなんかどうにもなんないんですけど。

質問論

遠山　私は、「質問論」を続けたいとずっと考えてはいて、それはこれからのテーマだと思っています。それは別に、まあ心理学でもいいんですけども、ちょっとその、一つの技法というよりは一つのスタンスみたいなものがあるのかなあと。どういうふうにやったら質問というのが理論的に体系立てられるかなあというのを考えていきたいと思っています。

マツダミヒロという人がいるんです。質問家っていう肩書の人なんだけど、ホームページを作っていて、毎日お言葉がある。質問があるんです。その質問っていうのは、あなたは生まれ変わったら何になりたいんですかとか、奇跡が起こったらどうなっていたらいいですか、みたいなことを毎日入れ替え入れ替えして何年も続けてやってる。それを本にしたり、それでさらにワークショップをしたり、講習会を開いたりかしているんです。

このホームページって不思議で、たくさんの人が読んでいて反応も多いんですよね。ホームページを見て、救われたとか、ある気づきがあったり、ある展開があったり。でも、ネットだから相手は見えないままでやってるんですよね。相手は見えないで、相手に関する情報なしに、毎日毎日とにかく質問を出している。その効果って何なんだろうなと思うわけですよ。つまり質問というのは、質問する人が相手にマッチするような質問をして初めてインパクトがあることなのか、それともさっきの先生のおっしゃったような床屋さんに質問がこう貼ってあるとか、日めくりで質問が出てくるとか、そういうふうにして出しといてもタイミングさえ良ければ、大抵の言葉は効くのか。質問を投げかけとくと、それを「おおっ」って言って拾ってくれる人がいて、それがちゃんとその人の役に立つのか。あるいはその人の頭の中にインプットされて、いつの日かそれがそれこそじわーっと溶けて役に立つだとかっていうのがゴール（？）かもしれないと。そういうものとして、どんなことがあったらいいのかとか、どんなふうにしたらいいんだろうかって考えている。もしかしてコミュニティに結びつきますかね、結びつかないかな（笑）、てなことをちょっと考えました。

森　一つの手法として成り立つだろうね。だって学校の先生だってよくやってるじゃん。毎日黒板に何かバーンッって書いてる。

遠山　今週の目標とかじゃなくて（笑）。

森　そうそう今週のお題（笑）。

遠山　まあ、そういうことなんか面白いかなと思う。つまんない質問もけっこうあるんです。そうなんだけど、ちゃんと人を集めてたくさんの人に読んでもらって役に立ったりしてるんだろうと。それって多分誰でもできること。

森　誰でもね。

黒沢　ソリューションは心理療法の中で質問を重視するっていうことでむしろ画期的だったわけですよね。

遠山　そうですよね。質問が一発だけじゃなくて、その後のインタラクションが面白いところだと思って、まあ投げかけるだけではだめっていえばだめですけど。まあそれは行き方で、いろんなのがあるかと思うんですが、ずっと引っかかっているんです。なかなかうまく形にできなくて。今は、こういうなかでどうやって質問を相手にぶつけるんじゃなくて、間に浮かばせておくっていうのをどうやったらいいのかなとか。

森　うんうんうん……。

遠山　お好きだったらどうぞ、って拾ってもらえるように投げかけるにはどうしたらいいのか。質問って、なんていうんだろすごい喚起力があって、もう置いとくだけでも答えなきゃいけない気持ちにさせてしまう。それが良いところでもあり、デメリットでもあるような気がするんです。だから床屋さんに貼ってあってもいいのかなと思うんですけど。街中に「死後裁きにあう」みたいな標語が貼ってあったりしますよね（笑）。そんな風にして、いきなり、「どんなふうになっていたらいいですかとか」、「どんなことだといいですか」っていう質問があるとか。

黒沢　いろんな方向の質問があるけど。要するに原因とか問題をどんどん聞くような質問ではなくて、っていうことですよね。まあ探究思考的にいっちゃうとそういう解決とか未来を志向するような質問ということになるんでしょうけど。心理療法の話で考えると、私たちよく面接を逐語で起こしてどんなやりとりをしたかを見るんですけど、普通記録するときって相手の言葉って記録できても、自分の言った言葉って記録できないじゃないですか。だけど自分が言ってる言葉、というより質問が大事。

遠山　そうですね。

黒沢　なんですよね。でも質問しながら質問は書けないので、テープ起こしするのが大事だなと思ってるんです。それを何か検討するときも、常にどんな質問をしたからそれが展開しているのかってところに焦点を当てて。パワポとか作るときなんかだと必ずこっちの質問を強調するみたいな作り方をしたりするわけですよ。
遠山　そうですね。
黒沢　なかなか心理療法でそういう感覚って一般的じゃないんですかね。でも認知行動療法なんかだとどうだろう。
遠山　投映法検査のプロトコルなんか答えだけが載ってるけど、実はいろいろ質問しているわけですね。
黒沢　ああ、そうですよね。
遠山　それは怪しいなと思ってる（笑）。
黒沢　そっち導くような質問してるかもしれない。
遠山　そうそう、そんな質問したんだな、これ、こんなこと言ってるのは怪しいなって思う。だからそれはセットで出してくれないと、話を全部作られちゃっているので、実に怪しいと思っている。質問は必ず書いてくれないといけないなあと思って。
黒沢　森先生もどんな質問を繰り出すかっていうのは割と考えているんじゃないですか？
森　考えてるよ。
黒沢　面接の中で、森先生はいつもブレイクを取られるんですよ。戻ると、質問じゃなくお話をすることもあると思うんですけど、必ず展開する質問をされますよね。質問を考えてるんですよ。
森　考えてるよ。一言一句考えてる。
黒沢　森先生は台詞として考えてるよね。私だと、こんな方向のこんな感じぐらい、というような考え方で、あとは口から出まかせなんですけど。森先生は一言一句台詞だから。
森　シナリオライターだから。

遠山　最後の言葉、「かねえ」とか「かなあ」とか「ですかー」とかいうやつも。
森　そうそう、そうそう。
黒沢　そこまで考えてる。「てにをは」とかも。
森　そのレベルがすごく大事。
遠山　終助詞の。
黒沢　そういう質問を考えてるって、意図していることはなんかあるんですか。いつもどういう質問をしようとか。
森　意図していることはインパクトを与えることだよね。どっちの言い方の方がよりインパクトを相手に与えるか。
遠山　インパクトって何だろう。
黒沢　インパクトの狙いは？
遠山　変わってもらうっていうことですか。
森　いえいえ。質問受けて「はい？」みたいな。
遠山　よく聞いてくれましたとか？　あ、そうじゃなくて、「はぁ？」って感じ？
森　そうそう、戸惑う感じ。
遠山　ああ、そっちですね。
森　注意を向ける。パッと質問を投げかけられて、ああそういうことですね。それはそうですって、流れるような質問はインパクトがない質問だよね。
遠山　そう。引っかかる質問ということですね。

森　そうそう、そうそう。

遠山　白木先生が、ソリューション・ファイトクラブをやっていたときの、千本ノックみたいな感じ。どんどん質問して答える。質問がだめだったらレッドカードを出す。それで、もうよく聞いてくれましたみたいな緑は「ゴー」で、「はぁ？」っていうやつが黄色なんです。基本的にはうまく流れていく質問がいいんだけど、やっぱり黄色も結構いいぞって話になったらしくて、白木先生が教えてくれたんだけど、赤はだめだけど、「ん？」っていう黄色、「聞いてもらったんだけど、ちょっと待ってくださいよ」みたいな。そういうやつが味があっていいんだって。

黒沢　意外といいって。

遠山　いいってことに気がついて。ただ何でもスッといけばいいわけじゃない。そりゃそうだなと思うけど、あらかじめ黄色を狙うのってなかなか難しい。赤になっちゃうかもしれない。そこを森先生は徹頭徹尾考えられてるわけですよね。私はほっといても黄色なので、大丈夫なんで（笑）。

黒沢　意図せずして黄色になると。それが功を奏す。

遠山　放っといてもなんちゅうこと聞くんやみたいなことになる（笑）。

黒沢　でも「はっ？」というインパクトというか、モーメントを与えることが大事なんですよね。その方の、今までの枠組みを少し壊す感じなんですか。フレーム・オブ・リファレンスみたいなものを一回、「はっ？」みたいに壊す。

遠山　そんなこと考えたこともありませんでしたよ、とかって言ってくれると。

黒沢　考えの枠が、今までちょっとガチガチしていたのがこう緩むというのか、隙間ができるというか、なのかもしれないですよね。

遠山　そうですね。緑色の質問を考えついいちゃったけど，引っかかるような黄色の質問にするには文末の終助詞のところも含めてどうやったら変えられるかを，ものすごい短時間でピシャっと考えてるってことですよね。

森　私の場合は，普通のスッと流れるような質問はまず出てこない。

黒沢　基本，あまのじゃくだからね。

遠山　それってすごい疲れるでしょ。クライエントに会うと。

森　クライエントが疲れるだろうね。ずっとやられたらば。

遠山　そうそう，だから何回かに一回じゃなくちゃ。

森　ああ，そうそう。

遠山　なんでこんなところまで来て，お金払ってまでこんな苦しい思いをしなきゃいけないんだろうって……。

――何か最後にお聞きしたいことありますか？

遠山　もうずっとお聞きしたいことを聞いてきましたので，私なりに言いたいことも言ったし。

――じゃあ，とりあえず止めます。

遠山　止めてから大事な話が。

黒沢　よく出るよねえ。

遠山　止めた。

森（左）・黒沢（真ん中）・遠山（右）　2015/1/11

黒沢　でね……（笑）。

遠山宜哉（とおやま・のぶや）　岩手県立大学社会福祉学部教授。解決志向アプローチを手がかりに、援助的な質問のあり方について広く考察を行っている。『心理臨床を見直す〝介在〟療法』（明石書店）でもそれについて触れた。

第3章　森と詩を語る刹那のカタルシス

山田秀世×森　俊夫×黒沢幸子

インテグレイト

森　私も人生のまとめにはいった。

山田　インテグレイトってとこですかね。

森　心理療法を統合する……。

山田　心理療法を統合するっていうと、それを生業《なりわい》としてきた自らの生き様をも振り返ることになるかと思うんですが、森先生から「統合する」なんて言われると、森先生と知り会えた四半世紀も前頃の八丈島やロサンゼルスの思い出辺りから辿らざるを得ない……それにしてもロスは、楽しかったですね（笑）。

――どんなことがあったんですか？

山田　ロスの思い出はいくつかの段階があって。まず、森先生と岡山の中野善行先生（編集部注＝岡山・中野クリニック院長）と私とバイリンギャル菊池安希子女史の計四人で学会での共同発表の準備をホテルの室内でやってたんです。あのとき、森先生がホテルの室内を靴もスリッパも履かず素足でスキップするように駆け歩いてたんですよ。当時から強迫的な不潔恐怖の心性を抱えていた私は、その姿に物凄く衝撃を受けて解放され、ああ、これでいいんだと思えて、それ以来「解脱」した……まったく想定外の個人的な突然の自己治癒体験ですね……。

森　(笑)

山田　帰国後も、出張のたびにホテルの室内で裸足になるのがクセになって、症状はその後に反転というか過剰寛解して、全裸に(もちろん室内で)なるようになった。学会準備などで構想(妄想)を練りつつ、素足と全裸で単独で室内徘徊するのが、数少ない愉しみで、至福の時にすらなりました。そんな経緯を今現在ここで「赤裸々」に語っています(笑)。

あのロスの発表前日、深夜から未明にかけて、時差の存在と腕時計の調整をすっかり忘れた状態下で、緊張とジェットラグの混在のまま半強制的に談論風発し四人共におそらく軽い意識変容を随伴してたんでしょうね、トランス状態下での爆笑と歓喜の数時間でした。

森　学会発表の準備だったでしょ。それぞれが分担して原稿書いていた。

山田　Considering "Kata" ――サイコセラピーの「型」を考える、というテーマでしたね。

森　山田先生が森田療法について語って私は何を喋ったんだっけ?

山田　森先生はね、何と、歌舞伎!　歌舞伎のビデオを上映したよね。

森　いきなり「Kata」なんて言ってもわからないだろうから、これが「型」だって。

山田　あのとき森先生はあまり事前の準備をしてないみたいで大丈夫かなあと勝手に心配してたら、本番でのパフォーマンスがビデオを巧みに使って一番大ウケでね。やはり人生はパフォーマンス、それこそ「型」

が大事だとライブで教えられた。会場にいた宮田敬一先生が、森さんもええかげんなオッサンやなあ、騙された（?）なあ（笑）、上手にお茶濁したなあ（笑）と、呆れながら感心しててね……結局、立ち見客まで出る大盛況でしたね。

――　何の学会だったんですか?

森　ブリーフセラピー・カンファレンス。エリクソン財団が主催している年に一度のブリーフセラピー・カンファレンス。

山田　一九九四年?　時の経つのは早いね〜。

森　そのくらいだよ。

山田　発表の夜、渋沢田鶴子先生の素敵なコンドミニアムでの夕食会で、宮田先生の海外で屈強な大男に（お金を）「ボラれた」と表現したトラウマ体験を、フィジカルに「ホラれた」体験だと私が聴き間違えた辺りから、またも爆笑の渦に入って、森先生が腹筋が何回よじれたかわからないと後日語ってたほどの、あの時間は、まさしく狂喜の宴でした……。

結局、森先生から私が教えてもらったことって、当時、サイコセラピーの従来型の土居健郎先生のとか、まだそんなのを真面目に?　勉強してる人が多かったんですが、森先生の何でもありというか、枠というのは外していいってことを森先生から直接・間接に、学んだかなという感じがしてますねえ。

森　その代わり、私は山田先生から森田療法を教わった……。

山田　あの当時、森先生は東大でエリクソン・シリーズのセミナーをやってましたよね。

森　やっていた。

山田　あのときに学んだことがエリクソニアンのブリーフは directive でも non-directive でもなく、indirect に

directiveだって、これが印象に残って「型」といいつつも直接型でなく間接型でやるんだって。これは間接ならぬ関節？　技みたいに、それで一本！みたいな。森先生は後半（関節技？）は教えてないと思う（笑）けど間接的に、先生を見ながら後々に残るよう教えてもらった。そう感じていますね……。

森　山田先生から送られてくるケース、みんな面白くてさ。

山田　そうそう、池尻大橋のケース検討会（編集部注＝森が当時主催していた勉強会）で、何回かねえ。

森　すごい面白くて、すごい勉強になるの、山田先生のケースは。

リファー先としての森

山田　森先生に送ると、みんな良くなってね。

――例えば、どんな？

山田　芸術家の二ケース……。

森　芸術家の夫婦の二ケースと家族四人みんな具合が悪いケースとかね。

山田　長期間フォローアップしてくれたよね。なんというか、それこそ「型」にも「枠」にも囚われずにすごく自由に親切に診てくれるので、あれが原点なのかなと思いますねえ。

山田　森先生は芝居をやっていたので、芸術家とは相性いいと言っていたんですよね、確か。ある有名自動車企業の広く知られた車種にだけ特別にあつらえた特定の赤（そういうものってあるんですね）を創案した女性がいたんです。色彩とか文字通りビジュアル、視覚優位ですよね。彼女が入院中に二、三日ほど発声ができなくなったことがあったんですよ。それで私は当時読みかじったエリクソンのある事例に倣って、喋れないため口述筆記を、「商売道具」の使い慣れた得意の右手で鉛筆を持つことを禁止して左手で書けと指示したんですね……そしたら直後から突然喋れるようになった。エリクソンはすごいなと思って（笑）

森　（笑）

――その頃、山田先生はどこにいて、何をされていたんですか？

山田　都立の松沢病院から府中病院（現、多摩総合医療センター）に移動して、総合病院の精神科で外来、病棟のほか救急とかリエゾンをやってました。週一回くらいは精神科夜間の救急当番でね、徹夜も稀でなくて、翌朝は何事もなかったかのように平常の診療で心身共に疲弊してたんで、とにかく外来患者さんの絶対数を減らしたくて、サイコセラピーの適用になりそうな事例はほとんど全例？　森先生に次々とお願いしてたんですね（笑）。

――森先生は、どこで診てたんですか？　東大で？

森　病院にまで行ってたよ。松沢にも府中にも、先生の勤めている病院にまで、土日とかに。

山田　そうそう、来てくれるの。松沢病院の女性の慢性病棟では、入院後三〇年、四〇年という人ばかりで、昔の毛筆で書かれたカルテなんかも保管されてるんですよ。ロボトミーの記載のところなんかインクが滲んでたりとかね……森先生は病院から帰宅して患者さんの歩行の真似をしてたらしいですが、それを聞いて、森先生の目には極めて特異に映った患者さんたちの歩行の姿が私はぜんぜんそうと気づかずに感覚が鈍麻してる、ものすごく特殊なはずなのに……慢性病棟って凄い臭いしてるんだけど毎日嗅いでいると当り前になって内在化するんだって気づいてね。そんな感じで何十年も慢性病棟で沈殿化し尽くしたら、何をやっても患者の状態が動かないから、もう何でもありみたいな感じで、それで森先生の教えやエリクソンやらの諸々の手法が入りやすかったのかもしれない。

森　面白かった……。
山田　九〇年代中ごろですよね。
森　松沢・府中時代がなければ、たぶん今の私はない。そのくらい重要や。あそこで完全に鍛えられたんだよね。
山田　そう言っていただけたら非常に光栄ですけれどね。森先生は、いろんなところで種を蒔いているよね。森先生がきっかけでブリーフを学んだり実践するようになったっていう先生たちも結構いらっしゃいますよね。
森　うん。
山田　一九九七年に東京から札幌に移って、それ以後は森先生と一緒に仕事することは少なくなったけれど。その頃、森先生はちょうど黒沢先生とKIDS始めたんでしたね。
黒沢　山田先生に、心の傷をKIDSで癒すとか言われたのを今でも覚えています（笑）。
山田　なんか、うちから送った胡蝶蘭が随分と長いこと咲いてたらしいですね。
黒沢　はい、今でも。
森　何年咲いている？
黒沢　九八年からだから……。
山田　今でも咲いているの？　ホント?!
黒沢　二年に一度くらい咲くんですよ。一五年以上ですね。戴いた時のようにあんな見事には咲きませんが、ポツリポツリと咲きます。
山田　ちょうど拓銀（北海道拓殖銀行）が破綻した頃ですからね。開業直後はヒマなので、腰かけで某悪徳病院で働いてて、その病院での涙と笑い？　の臨床体験を本（宮田敬一編『医療におけるブリーフセラピー』金剛出版）にする機会があって、それが（編集部の）山内さんとの出会いでした。

森　今、現在従業員は何人なんですか？

山田　リワーク（復職デイケア）だけでは一〇人余りですが、同じ医療法人に合併したデイケア併設の「ほっとステーション」は薬物依存や触法事例を取り組んでて、いくつかの作業所やグループホームの運営なども併せると、スタッフは七、八〇人ほどもいて、「多機能型精神科診療所」として随分と大きな組織になりました……。

森先生との出会いをきっかけにして、臨床的に効果のあるツールは害のない限りは何でも活用するというブリーフセラピーのスタンスで、ソリューションそっくりで問題の終息よりもリソースの発掘を推し進める森田の発想とかは、精神科リハビリでフルに活用される形になって、良かったなと思っています。森先生との出逢いなしでは現在の展開はない。おそらく、あのいうマイナーな学会、まず入らないですからね、通常は（笑）。東京都からの定期での八丈島出張が、森先生との最初の出会いですよね。

――森先生が東京都からの要請で東大の精神保健学教室から八丈島に行っていた話ですね。

森　そうそう。都の依頼で東大精神科と松沢病院の医局の医者が来ててね……。

山田　八丈島、面白かったよね。八丈島ビューホテルに泊まってね。

森　楽しかった……。

山田　小屋みたいな診察室で森先生が横でずっと見てるんですよ。考えてみたらスゴい状況ですよね（笑）。万事チェックされてるわけですからね。

森　私が横で見ていたら、Ａ先生なんか、いきなり怒りだして……。

山田　えっ……A先生が？

森　「なんだ！　偉そうに、じっと見て！」みたいな感じで（笑）。「陪席しているだけです。何か？」みたいになって、大喧嘩。

山田　A先生、当時は栄養剤を静脈注射しながら物凄く一生懸命に仕事してましてね、その涙ぐましいエネルギーを反体制活動に投じてエネルギッシュな先生だったんですが、その先生がね、後進への精神療法の教育や指導の中でソリューションでいうコンプリメントの重要性を強調する立場になったわけね、成り行きで。A先生の日常的には自他に厳しい肉食系スタイルと菜食系技法（？）のコンプリメントを自分の中でどう整合性をつけるのか（笑）。

森　（笑）

山田　これもやはり、自己治療だったんだろうと思いますね。A先生ご自身も癒されるべき治療を必要とするまでに、心身共にお疲れだったんとちゃうかと今は思えますねえ。

エリクソンの人生哲学

山田　そこで一つ思い出したことがあって、森先生に聞きたいんだけれどね、森田正馬は、一般に人はこう生きた方がいいんだという、つまり人生哲学のような側面がありますよね。一方、ミルトン・エリクソンって人は、あまりそんなこと、唱えていないですよね。

森　人生哲学は。

山田　言わないよね。その意味で森先生の中ではどんな感じでブリーフを位置づけておられるの？

森　位置づけ？
山田　私個人で言えば、森田療法の治療指針が私自身のセルフケアにもなっている側面があって、生き方っていったら少々大げさだけど。なんか身体的な不調とか、不安で面倒な状況に瀕した際に、まずやるべき課題を先に片付けておこうとかね、この点はしゃあないから放っておこうとかね……。これに対して、ブリーフは、いろいろ身体的なものも含めて優れた手法があるんでね、ブリーフは人生哲学ってよりも技法として特化したもんなんかな。
森　ブリーフはそうだね。私の場合は人生の姿勢みたいなものを、人から教えてもらうという気がそもそもない。
山田　教えてもらわない……それはセラピーも含めて？
森　要するに生き方。人間の生き方、人生の過ごし方みたいなもの、指針というものを誰か他の人から得たいという気持ちが全くない。
山田　それは御幼少の砌《みぎり》からそうですか？
森　御幼少の砌から。
山田　一貫して？
森　そう、それを決めるのは自分だという感じ。
山田　なるほど。
森　自分の生き方は、それは自分が決めるんでしょうと、他の誰もが決めるわけではない。参考にするほどの意見もあれば取り入れるけれど、別に大したものがなければ別に取り入れることもないというか……私はだいたい人の言っていることを「ホンマかっ？」てまず疑うので。なんか偉そうに言っているけれど。ホンマか？　これって……。

山田　そこは森先生の、科学者というか学者としての一側面ですよね。最初は疑うでしょう。

森　そうそう、そうそう……。

山田　でも他方で、最近はセラピーの中にスピリチュアリズムなんてものが入って来ててそっちの立場っていうのは、いわゆる従来の科学とは違って、最初に疑うより、まず任せるみたいな……ある対象についてハナから疑うっていう姿勢と、最初っから任せてしまう、というところの按配って、どうなんやろねえ？　森先生が言うみたいに「他人から教えられるなんて……そこは自分次第、君次第だよ！」というスタンスは、エリクソンもそういうところありますよね。

森　そこは、エリクソンもそうだね。

山田　確かにクライエントさんにしても、一般に悩んでる人でも、その人次第なんだけど、その人の流儀というか、スタイルに則って生きてくと必要以上に苦しむというか、不本位な結末に辿り着くというか、本来は望んでない方向に行きそうな場合でも、指示を出さない？

森　私は、出しますよ。

山田　そのときは出す？

森　こっちの方がいいんじゃない？と言う。

山田　そのときの基準は何なの？

森　基準？　その時にそう思ったから。

山田　（笑）

森　それは違うでしょう？って……あなたこういう人間でしょうって。方向性はこっちだよねって。だったらこっちをめざすというのがスジだろうみたいな。そんな感じかなあ……。

山田　その指示は自然に直観的に出てくる？　それとも、その人、その状況次第なのかな。

森　どうなんだろうね、私は基本的に人間って一貫しているもんだと思っているのよ。

山田　病む、病まないとは関係なしに？

森　病む、病まないは関係なく。

山田　それは、病むということ、これも連続性の中にあるということ？

森　一貫しているので、全ては同じ方向に向かっている。だとすればその人の向かっている方向を達成するための援助をしてあげればいいっていう、そんな考え方……多くの人たちって矛盾しているんだよね。こっちもいいなと思いながら、こっちの方がいいんじゃないかとか、こっちはマズい、こっちをやらなければいけないとか、これやると人に迷惑がかかるとかさ、いろいろ自分の本当にやりたいことと実際やっていることが違う人が多いよね。ほとんどの人が違うんじゃない……？

山田　ホント、九十九パーセントそうじゃないかね。いわゆる世の中のしきたりとか、他の人に作り上げられてしまってる基準に乗っかってしまってね。

森　そう。私なんか会社員になるなんて、人生の中で一度も考えたことないけど、山田先生ある？　会社員になろうって思ったこと？

山田　ないなあ。だいたい、うまくいかないっていうのが……。

森　ないよね。

山田　何なんだろう。直観ですかね。でも一応、私も一時は公務員（都の職員）だったりして、森先生もねえ。

森　公務員だけれどさ。

コンプレックス

山田　ところで、森先生は芝居をやってたのは、大学前から？
森　大学に入ってから。
山田　やろうと思ったきっかけは？
森　女優がきれいだったから。
山田　え？　そうなの？
黒沢　（キッパリ）そのときによって返答が違ってます。これは山田先生向きの答えですね。
森　（笑い）いろいろ理由があるわけよ。一つは女優がきれいだった。これはけっこう大きい。二つ目はそこでは音楽全部をオリジナルで創っていたの、劇の音楽を。私は音楽やっていたから、ここで劇音楽やれるといいなって思った。
山田　ふうん、なるほどね。
森　三つ目は、自分には絶対役者はできないと思ってたので。
山田　あれ、そうなん？
森　一番苦手な領域なので、だからチャレンジしたい……私ってできないことにチャレンジするの、すごい好きなんですよ。
山田　あらま、そうなんですか。
森　私、今でこそ偉そうな塊《かたまり》みたいだけどさ、ナルシズムの権化みたいな感じかも知れないけど、元々はコンプレックスの強い人間だったんで……だから自分のなかでたくさんコンプレックスがあるわけ……それをひとつひとつ克服していくということで、だいたい思春期、大学ぐらいまでは、ずっと過ごしていたかなあ……。そして大学卒業して大学院入って、一応芝居も終えて、それで研究室にちゃんと入って、今の仕事をやり始めてからかな。自信を持ったのは……。

山田　森先生が東大の芝居に入ったときにね、芝居やっていたある先輩から、森先生が入ってきたので、演劇は将来十年は大丈夫だって言われたって、言ってましたねえ。

森　それ、児玉さんという先輩。私の初舞台を観ていて、幕が引けた後、寄ってきて「森、良かったぞっ」て握手して、「お前が入ったおかげで劇団、もう十年は大丈夫だ」って。

山田　ふつうは大学って四年やと思うけどね（笑）。

森　確かに十年やった（笑）。

山田　そのときには、自信にならなかったの？

森　なったよ。すごいなった。あれは大きかったね。

山田　あるよね、生きていく上での節々での、そういう体験ってね。

森　そうそう、そうそう。その時の舞台が第三ステージで、全部で第五ステージまであったんだけれど、最悪の調子だったの。

山田　そうなんですか。

森　楽屋でじっと待機しているじゃない……何も湧いて来ないのよ。けっこう飛んだり跳ねたり、騒いだり、うるさい役なんですよ。これから大騒ぎしないといけないのに何もないの。シーーーンとしている……刻々と出番の時間が来るワケよ……なのに全然盛り上がってこないワケよ。これはどうしようもないなと思って、そのときは本当に絶望した。
山田　そうですかあ。
森　自分が自分に絶望した瞬間って、そんなにはないんだけれど、あのときは絶望した。
山田　そうですか。
森　劇団に入った理由の一つが、自分が生身《ナマミ》で人前に自分の姿をさらけ出して、そこでストリップみたいな作業をするためで……音楽とかは小さいときからやってたけど、音楽って楽器というフィルターがあるじゃないですか。映画も創っていたけれど、他の芸術活動ってフィルターがあるから、生《ナマ》は出ていかないんだよ。なんとでも加工できるわけ……だけど芝居は、舞台に出ちゃったら何の隠しようもない。
山田　隠しようがね。
森　隠しようがないし、演出家も誰もフォローしてくれない……じゃない？　そこ、もう一回やり直しって、できないでしょう？　もう、やりっぱなしだよね……そんな恥ずかしいことはできないっちゅうか、自分の感覚として、その生身がないという感覚がすごく強かったのね……。
山田　生身がない……。
森　そう、そう……その……「自閉症」、入っているからさ、自分の人間としての感覚というのがすごい薄いんですよ、私は……。
山田　薄口ですか。
森　そう。だから自分のイメージがロボットなんだよね。常に冷静に情報を分析し、解析し、そこで最適な行動を取るということの連続で、ずうっと高校までやってきたわけ……。で、そういう自分が嫌だったわけ……それが一番のコンプレックスだったのかな。みんな理屈もないのに泣いたり、騒いだりしているの見て、何で泣くんだよ?!　こんなところでって……何で怒るんだ?って（笑）。みんな、そういうことをやっているんだよ……。それがまた楽しそうなんだよ。でも、自分にはそれがないの……。

「クララ」というフォークバンドをつくっていたんだけれど、高校時代にね……それの最終コンサート、高二の二月か三月にやった。高三で一応受験体制に入らないといけないからバンド活動も一応終ろうということで、羽曳野の市民会館を借り切って「クララ」の解散コンサートやったの……けっこう入ったよ……なんでうちのオヤジとお袋が来てるんだ?みたいな（笑）……そんな感じでワーッとやるじゃない……一番最後のエンディングがかぐや姫の「妹」っていう曲なのよ。間奏のところでボーカルの西沢というリーダーが、みんなに挨拶するわけよ……。俺達こういうふうにやってきて、みんなとすごくいい時間を過ごせて、自分たちには忘れられない時間になったって。これからは、少しは真面目に勉強しようと思いますって。みんなも頑張ろうって。

山田　青春やね。

森　その一体感がすごいのよ。ホール全体の盛り上がりね。誰が来てる、なんて情景が全部見えるわけ。ああ、アイツ泣いているとか、さすがに親父は泣いてないなとか、俺の彼女は泣いてないぞとか、いろいろ全部観客のことも見えている。そこですごい一体感というのがあって……でもその中に俺自身は入ってないんだよ。外にいるんだよ。

山田　インサイドにいるアウトサイダーですよね。

森　こういうのをみんなとワーッと盛り上がって感動し合うというのが人間なんじゃないかという思いが自分にはあるから、俺は人間なんじゃないんだなと。手首切ったたって赤い血なんか出ないだろうって思ってたよ。それが自分の中の一番の、他にもいろいろコンプレックスあったけれど、それが最大のコンプレックスだった。自分は人間じゃなくてロボットなんだという感覚……。

山田　ロボットだってコンプレックス持つことあってね、鉄腕アトムも人間に対してねえ。

森　鉄腕アトムには人情あるやん。私、人情ないから……。

山田　森さんは喜怒哀楽のうち、喜と楽は出してるけど、怒と哀はあんまりないかなあ？

黒沢　怒もあります。哀はあまりない……。

山田　怒もある？　身近にいるとわかるのかも知れないけれど。怒が表出してる？

黒沢　うん。

森　私、けっこう怒るよ。だから、大学に入るまで一番苦手なのは役者……高校時代は、演劇部って大嫌いだった。気持悪いって思ってた。「ア・イ・ウ・エ・オ・ア・ウ！」とか何か喋るときもこんな感じで口の開きが大きいぞ、みたいな（笑）。なんて気持悪い奴らだ、みたいな感じで凄い嫌だったけれど、大学入って劇団みて、芝居の質は、まあ大したことなかったけれど音楽は頑張ってたし、女優さんきれいだったし……。

山田　そうかあ。

森　そこそこ、俳優も男優もうまい人いたしね。そこで俳優ができると思わなかったけれど音楽だったらやれるだろうと思って……劇団に入った。

山田　なるほど。

森　それで四月に入って六月に公演があった。そのときにもう俳優に抜擢されたんだよね。それからずっと俳優やるようになった。

山田　そうかあ。
森　それが、すごく大きく変えた……私を。
山田　大学で俳優でステージ上がる前にも、高校時代にステージには上がってたんやね。
森　ステージ……ステージは慣れている。人の注目を浴びるのは小さいときから大好き。常に高いところに登っていたい。
山田　高いところから失礼いたしますって、言ってのけるんやね（笑）。
――緊張はしないんですか。
森　しない。
――最初から？
森　しない。
山田　自分で自動的にトランスに入るんだよね。ミルトン・エリクソンみたいに……。
森　その緊張……小学校二年か三年のピアノ発表会はすごい緊張した。大阪の毎日ホールだったかな。けっこうでっかいホールで、演奏者が三人いて、楽屋で待っているんだよね。それでじっと楽屋で待ってるとき座ってられないんだよ。こうやって。そわそわ、そわそわ。
山田　アカシジア状態なんですね（笑）。
森　そう。
山田　静坐不能症ですよね。
森　そんな感じ。最終的にはもう出て行っちゃったもん。楽屋の中にいられなかった。
山田　精神的な葛藤に出るより身体の方に出るのかな？……身体表現性にね……。

森　それで自分の番が回って来て……そして……光の中にわーっと入っていくじゃんか。完全にハレーションを起こしちゃってさあ……そうすると、会場が広いから……向こうの壁まで見えねえんだよ。光がバーッと当たって……永遠に暗黒がずっとね、続いている中に、ただ光の島のところにひとり自分が浮いている……みたいな、そんな感覚。

山田　ハレーション（Halation）ね。ハルシネーション（Hallucination）じゃなくてね。

森　そう、そう。ハルシネーションだったかもしれない。

山田　忍の一字《いちじ》、だけど一時《いちじ》的、一過性なんだよね。

森　そのまま、そこで、そのままトランス入っているよね。

山田　だけどエリクソンのことは、まだ知らないわけよね……。

森　そう。それで座って弾きはじめる……もちろん暗譜しているからさ……楽譜なんかないんだけれど、普通はね、楽譜なくたって見えているわけ……今、ここ弾いてる……というのはわかっているのよ。そのときはホントにわからなかった。自分が今どこを弾いているのか、わかんないんだよね。ずっと同じとこを弾いてる気がして（笑）、いつまでたっても終わらない！……みたいな感じ。どうすりゃ、ええ～?! みたいな感じ……いつ終わるんだって、こうやっているけれど弾いているしかしょうがないのさ。でもそのうちね、手が止まったんよ……手が止まったので……終わったということがわかった……その後立てないのよ……ピアノのイスから……。

山田　脱力している。

森　脱力だよね。カタレプシー。

山田　脱力が強い？……固まっているわけやないよね？

森　でもこの姿勢で固まっているっちゃ、固まってるんだよ。
山田　やわらかい固まり？　なんやね……。
森　うん。女の子が花束を持ってね……ここまで来ている。段取りとしては、私がそれを受け取って……皆に一礼して戻る……ということで一応、終了！……なんだけれど、女の子がここまで来てるのはわかるけれど……立てないの……それで、女の子が……困っているわけですよ。それでピアノの先生が上座からこうやって来て、「森くん、終わったよ」っていうふうにトントンされた。
山田　実際、そんなふうにされた？
森　うん。そうされて「あっ、ハイ」と言って、ようやく立って、花束もらった。それで家族とおじいちゃんやおばあちゃんもいるから、客席に戻ると、「良かったよ、すごく上手だったよ」と褒めてもらって、「なんで……（笑）ずっと座っていたの」って聞かれた。
山田　覚えていないの？　そのプロセス。
森　覚えているよ。なんで座っていたのと聞くから、そこが私らしいところなんだけれど、今日はおじいちゃんとおばあちゃんが来ているから、一曲だけじゃ申し訳ないかと思って、もう一曲弾いてあげようと思っていたんだって。
山田　図々しい子やね（笑）。
森　（笑）
山田　本気で思ったの？　リップサービスで言ったの？
森　まあ、リップサービスもあるけれど、本気でも思っていなけりゃ言わないだろ……。
――終わったときに拍手とかするじゃないですか。それは耳に入らなかったんですか？

森　入っているでしょう。入っているけれど、それが起立の合図にならないんだよね。

山田　聴覚情報としては入るんやけどね……それで気がついたらズボンが濡れてた（笑）……とかではないんですよね。

森　そりゃ無かった。半ズボンだったし（笑）……あの時……思ったのは、僕は人生で最大の緊張をした……って思ったんだよね。これ以上の緊張をこの人生で……するということはありうるだろうかって……ピアノってミスタッチすればさ、素人だって、誰だってすぐわかるじゃない？……誤魔化せるような話ではないじゃない。だからノーミスが要求される。世の中でノーミスが要求されるっていう状況ってそんなにあるか……？　テストだって一、二問は間違ったって別にいいじゃんか？……百点満点取る必要ないじゃない？　何やったってミスすればあとで取り返せるしさ……でも、ピアノってミスタッチしたり、リズムを狂わせたりしたら、その瞬間、終わりだから……。

山田　森先生、そういう規範でピアノ弾いていたの？

森　うん。

山田　本当？……そりゃ、かなりキビしいね……。

森　だから、これ以上の緊張をすることは、多分ないって思った。だからもう大丈夫だ‼　自分はもう緊張しないって……。まあ、その通り、（もう）そんな強い緊張ってないよね。人前で何かやるということは楽しみでありこそすれ、緊張じゃない……人前で喋るとき緊張するという人は、ものすごくたくさんいるけれど、その人たちの気持ちを、私はわからない。

――東大の劇団の初舞台のときは、（出る前はご自分に絶望したっておしゃってましたが）舞台に立った後はどうだったんですか？

森　そのときはねえ、本当にダメだったでしょう。出（るとき）が。しょうがないからさ、もうとにかく声出して、暴れまくって動きまくってとにかく派手にやるしかないさ。中身ないんだもん？　表面的にワーッてやるしかないじゃん？　だからとにかくもうデッケエ声出して、動きをハイにしてやっていたわけ。で、網を振り回す役だったのね……。

――網？　虫とり網みたいな？

森　そう、虫採り網みたいなの。リヤカーを引っ張って、戦後の焼け野原を自分はアゲハ蝶を捕まえるんだみたいな感じで……やっている……そういう少年の役なの……動きが派手な役なんですよ……とにかくワーッて動き回って網を振り回していたら、網が飛んでっちゃったの（笑）。客席の方にビャーって飛んだ……。そしたら先輩の国重さんって――今、ＴＢＳの部長やっている人で、ＫＩＤＳを手伝ってくれてる竹之内裕一さんの上司――相手役が床屋さんの役だったんだけれど、アドリブを入れたんだよ。何やっているんだ、竹の子軍団、網がねえじゃないか、どうやって虫捕まえるんだ？　おめぇって、何じゃそりゃ⁉　みたいな感じで、アドリブ出したわけ……。それ聞いたときね、何だか知らないけれど……とにかく無性に腹が立ったんですよ。とにかく……これはオレの網なんだ、オマエにとやかく言われる筋合いはない。

山田　ステージの上でそう言うたん？　もちろん、それもアドリブなんでしょう？

森　アドリブよ。それで、その国重さんの背に馬の乗りになって、うわ～って国重さんを竹の棒で叩きまくったの……。

――全然芝居に関係ない、台本にない動作？

森　そう。それからすぐストーリーに戻ったけどさ。どうも、それが劇団の先輩の児玉さんに評価されたみたいで（笑）……そのときにオレにも怒りという感情ってあるんだっていうのを知った！

――ああ、そうですか……。
森　知った……。
山田　それまでは、ほとんどなかったんやね。
森　ない……とにかく感情というのが、私はない。
山田　緊張は別にして。
森　うん……緊張もあまりないんだけれど。羞恥もあまりないし（爆笑）。
山田　周知のこと？
一同　（笑）。
森　感情がないんですよ。だから悲しみもないしさ。喜びは……まあ、あるかな。
山田　楽しみはあるでしょう。いろいろとね。
森　うん。嬉しさとか、そういうのはあるけれど、どっちかというとネガティブな感情はほとんどないね。恨みもないし、妬みもないし、ほとんどない……。

アーティストの人生の深み

山田　でもね、森先生の商売相手（セラピーのクライエント）っていうのは、そういう類の感情にみんな苦しんで悶えてる人が来るわけやよねえ。それを自分には実際経験がないということは、サイコセラピストとして、プラスなのか、マイナスなのかと問われたら……？
森　普通に考えればマイナスだよね……自分でもよくやっているなと思う（笑）。

山田　だけどね、マイナスというか、それがないからこそ、それを補おうとしてするというところが、もしかしたらプラスに働くかもというふうに思わへん？　逆に経験のある人は自分にはあるからって傲慢になってるような人って、セラピストにけっこう多いでしょう？　自分はうつ病患ったからとか、神経症になった経験あるから、人一倍気持ちがわかるみたいなね……。

森　そんなものかね。よくわからんな。

山田　それと森先生が、失敗を恐れたというのピアノの演奏の件でね、すごく意外やな～と思った。失敗やってもそれを上回るだけのパフォーマンスを出したらそれでＯＫとするというのが、どっちかというとソリューションの発想でしょう？……。

森　ソリューションはそう……ピアノは違う（笑）。

山田　ピアノでいうと、二十世紀の前半にコルトーというピアニストがいて、技術はかなり下手なんやけど、彼の弾くショパン――食パンじゃありませんよ――が物凄く味があるんですよ。それに対して、全盛期は過ぎたけどポリーニという現代の天才ピアニストがいてね、この人は、ミスのない恐るべき完璧な技術と胸のすく大理石みたいなデジタルでメタリックな美音を若い時から売りにしてきたんですね。その彼が七十歳を越えて、パワーとテクニックが衰えてきた今、それをどう統合というか、収束させてゆくのかを私は注目してきたんだけど、かなり厳しい面が……躍動する筋肉運動の制御に完璧を誇ってきたロボットの中に老いという人間の生身の姿が浮上するのは、チト悲惨というかね……。やはり、ノーミスや落ち度のなさを追求するという規範よりも、アラはありつつもアジもあるパフォーマンスの方が、追求すべき価値じゃないかなあ？　てな気がするんだけどね。

余談ですが、私も個人的にずっと大ファンだった、そのポリーニのベートーヴェンの演奏を学生時代からずっと数十年追っかけてきたんですが、五年ほど前の秋に、ちょうどブリーフセラピーのあるWSと日程が重なってて、迷った末そっちをキャンセルしてサントリーホールでベートーヴェンのソナタの最後の三曲のリサイタルに行ったんですね。もう、最大級の期待に胸を高鳴らせてね、で、技術の衰え自体は、さほど目立たなかったんだけど、年相応の深みと味わいが欠如してて、期待を大幅に裏切られる演奏で痛く失望しましてね。つまり、天賦の才に溢れた人が、技術を練磨し経験を積み上げて、そこそこ齢を重ねたら、それなりの成熟ってものが自然に備わってくるものだろうと思ってたんだけど、どうやら、実はそうではないってことを教えられて。そのことを、一年前に札幌で聴いたツィメルマン（この人もポリーニと同じショパンコンクールの覇者）という技量達者なピアニストの還暦を前にした、やはりベートーヴェンの同じ後期三曲のリサイタルで、ポリーニのときと全く同様の、うまくは弾いてるけど深まりと鎮まりが乏しい、という酷似体験をしたんです。私の個人的な嗜好による全くの偏見かもしれんけど、失礼ながら、この人、いったい何して年をとったんかな？と思う一方で、翻って自分のこと考えたら空恐ろしくなってね……（笑）。

ピアニスト、舞台俳優、そしてセラピスト、それぞれの領域、それぞれの時代に森先生がいずれもパフォーマーかつアーティストとして技量を磨き研鑽を積まれてきたと思うんだけど、今日、森先生に差し上げようと思って持ってきたCDは、その辺りの個人の力量の進化と深化をダブルで感じさせてくれる、内田光子とエミール・ギレリスのベートーヴェンの後期のソナタ群の演奏、そして相当な奇人だけど愛すべきフリードリヒ・グルダの最後の録音、シューベルトの即興曲集、これも是非、森先生に聴いてもらいたいですね……。

まあ、一人のセラピスト、あるいはもっと話を拡げてアーティストというの存在は一般に、どうやって、こう、二〇代、三〇代、四〇代、五〇代で、どんな方向に発展を遂げてくのが本来なんかって、森先生は考えておられますか……それも、その人次第ですかね……？

森　どうなんだろうね。私の感覚では、だいたい若い頃にもう方向性なんて決まっているんじゃないかな……。

山田　その人の型が、ですか？

森　セラピストの……。

山田　トレーニングだとか、その鍛錬とか関係なくて？

森　それはあるだろうけれど基本的な方向性はトレーニングで変わるかな？　どうだろう。

山田　ここは本に載せたらやばいかも（笑）。上手い人は若いときも上手いし、下手な人は歳とっても下手な人で、他人のこと言えないけど、そこが悩ましいよね……。

森　基本的な部分が上手くなるなんてことがあるかな……？　スポーツ選手でも同じだと思うけれど。

山田　スポーツ選手？

森　よっぽど努力すれば本田とか、岡崎とかになれるわけじゃない？

黒沢　サッカーの？

森　今の日本代表の。

森　うん。岡崎も下手じゃない？……本田もそうとう下手だよね……。

山田　下手？（笑）。

森　あの二人くらい努力すればいけるのかもしれないけどさ、あれくらいやらないとちょっと無理だよね。多分若い頃に決まっていると思う。別に世の中、マスターセラピストばかり要らないんだけれどさ。

山田　ですよね。

森　要らないんだけどね。

プロとしての技量・治癒率

山田　だけどプロ野球選手で、一〇回バッターボックス立って三回ヒット打てりゃ一流の選手ですよね。でも、二回しかヒット打てなかったらメシ食っていけないわけやね……。で、いわゆるセラピーをする人間が、これはもちろん打率みたいに評価できないし、比較的軽いクライエントは上手に扱えるけど、ちょっと重いケースはダメとかね、得意、不得意、クライエントとセラピストとの相性もあるだろうし、そこが評価の難しいところなんかな。
森　サイコセラピストで、二割とか三割ではアウト！だよ。ちょっと話にならない（笑）。
山田　六割、七割か八割か、合格ラインなんてものは、ちょっとわからないけれどね。
森　今までそのくらい目標にしてきたじゃない。
山田　サイコセラピーってそうなの……？
森　違う？
山田　そうかな。一割改善で、七割が悪化だったら、ちょっとそれは悲しいけどね。
黒沢　ホームランでもヒットでもいいというのがあって、バッチリ治すのも、例えばダラダラ良くなっていくことも……。
山田　ヒットもホームランあるからね……。
森　ところで今まで三割以上、五割とか、六割、七割を目標にしていた？

黒沢　そう言えば、サイコセラピーの実際の治癒って何割が目標なのかというのを正直、話されることもないですね。
森　ないでしょう。
山田　だいたい、あそこに行くと悪くなるとかね。
森　そういうのが話されないというのがおかしいんだよ。
山田　裏では話されると思うけれどね。
森　他の科だったら絶対話されるじゃん⁉　あそこの医者に行ったら大変だよとか。
山田　みんなの中では話されていると思うけれどね。こういう時代だし……。
森　今はね、少し。
山田　良い悪いは別にしてね。
森　医者はそうだね。心理はどうだろう。
黒沢　心理は開業している人の絶対数も少ないし、ユーザーがそんなにいるわけではないので。
森　別に開業してなくても病院や施設に勤務していてもいいけどさ、そこでの心理の対応、評価はどうなの？
黒沢　評判のいいスクールカウンセラーとか、学校の先生の間でも、今年来たＳＣはいいねとかは多分話としてはあると思いますよね。なかったら反対にちょっと問題ですよね。
山田　同僚、友達としてはすごく好人物だけれど、いったんセラピストとしてステージに立つと突然何この人？っていう人が時々いるんですよね。だから難しいよね……。また、その人の書いた本を読んでると、この人素晴らしいって思うけれど、現場周辺では評価が最悪とかね。反対に、あるセラピストで世間並みには相当に崩れている、かなり具合が悪くても、その人が関与してる患者さんは癒されてる、元気になるという人もいるかもしれない。そういう人はあまり多くを語らないし、公の場にも出ようとしないから……。

治癒率

――森先生の目標値は？　もちろん目標は一〇〇パーセント、全員完治だとは思うんですけれど。

森　目標はねえ、目標は一〇〇。

――現実的にはどうなんですか？　治癒率としては。

森　現実的にはねえ、……九〇、九〇は越えたよね。

山田　大胆に言っていただきますね（笑）。

森　九〇は……超えるでしょう。黒沢先生は完全に九〇は超えているし……黒沢先生の失敗例って、私、知らないんだよね。黒沢先生は、もしかしたら一〇〇かも知れない……。

山田　一〇八かも知れないっすよ（笑）。

黒沢　煩悩？（笑）。

山田　自分に対する他者からの評価は、自分と評価者の関係性に依存するところが大きいような気がするけれど、厳しすぎても、めでた過ぎても、みたいな気もする。あまり欲張りや頑張りが過剰になるとセラピストのセルフケアが損なわれるっていうか、森先生はどうなの。改善効果の「打率」の高低と、セラピスト自身のセルフケアとの連動性は？

森　私にとっては別に同じ。患者さんがよくなれば、私も元気になる。

山田　元気になる？

森　患者さんがよくなって、私が不元気になるってことはないんじゃないの。
山田　患者さんが元気やないってことは、自分も元気じゃないってこと。
森　そう。
山田　そうなんや……患者さん次第だってこと？　こっち側の元気も？……でも、そこに持たれかかってしまうみたいになったら、辛いものがあるかもわからないよね。
森　持たれかかる？
山田　患者さんが元気になってくれないと、こっちも困るというか。自分のセラピストとしてのアイデンティティが揺らいでしまう……なんてことになると困るよね。
森　元気になってくれないと困るよね。だから元気にすればいいじゃんか（笑）。
山田　なりゃいいけれどねえ、なかなか、そこがむずかしいところやねえ……。
森　九〇はできるんじゃないかな。
山田　その本人は客観的に見ると元気になってなくても、本人がその気になっていたとしたら、そんな場合は、森先生はそれで良しとする？
森　私のところに相談に来るかどうかによるよね……来ないんだったら関係ないからさ。好きにやって……だけど。他の治療者にかかって、そこもいいなと思いつつ、私のところにもかかって来てるというなら私の意見も言うよ……そこで、今のあれが、ちょっとこうだから、こっちにしたら？……ぐらいのことは言うんじゃないかな。
山田　クライエントが、先生が？
森　私が。

山田　そうか。

森　昔はバンバン言っていたけれどさ、最近は丸くなってきたので言わない……他の治療者の悪口はあんまりきつくは言わないようにしている（笑）。昔なんか、ひどかったよね。本当に、日本には、優秀な心理療法家っていないんだもの。我々の仲間以外の人と会ったときには、まあ〜っ、この人はね〜!?　みたいな、そういう人ばっかしやんか（笑）。

山田　（笑）

うまくなるコツ

――コツってあるんですか？　例えば七割五分くらいの中堅セラピストがいるとします。あと二割くらい上げたいときに何をしたらいいですか？

森　あと二割上げるためには？　まず七割五分何ができているかをちゃんと確かめないといけないね。それを確かめてから、あとの二割に何を追加すればいいのかがわかるでしょう。

山田　できてるところ、七割五分をみるわけね。できてない二割をみるんじゃなくて。

森　そう、そう、そう。やれている七割五分に何を追加すればいいか。

山田　追加やね。

森　できていない二割五分に焦点を当ててると、できている七割五分を侵食するんだよね。そうすると逆に腕が落ちる。だから七割五分は確保。確保しておいて、あと二割を上げようみたいな……。

山田　七割五分が花の苗で、二割五分が雑草やったら、雑草に除草剤をまくとまずいというわけね。

森　ふふ。
山田　そうだよね。でもどうしても雑草を抜きたくなるんよね。……それが向上心であると勘違いする人いるでしょう。まずは、そこの問題点にフォーカスすることが向上の近道だ、みたいな。それが近道ではなくて、エンドレスになるという、落とし穴なんだっていうことを知らないと、ということだよね。厳しいね、ほんとうに。
――九割以上の治癒率というか、それって、他の一般のセラピストと比較してどういうところが違うんですか？　山田先生もいろんなセラピスト、腕いい人、悪い人、いろいろな人知ってるじゃないですか……？
山田　だけどそれは打率では言えませんよね。……治療の質を料理に例えると語弊があるかもしれないけれど、ホテルに行ったらそこそこおいしいものはあるだろうけど、究極のおいしいものはホテルとかにはないわけよね。だから、そのへんが一概に数字に表すのは難しいかもしれない。とびっきり美味しいもんって、ドギツイもんだったりするからねえ。
黒沢　（笑）。
山田　私の生まれ故郷の和歌山の「なれ寿司」の一種なんか、暗く深い井戸に吊るして、とことん発酵させて、もうヨーグルトみたいになってるらしい。私なんか、そのニオイ嗅いだだけで、いや、話を聞いただけで嘔吐しそうになるんだけど、世界中の美味しいものを食べ尽くしたある有名ホテルの社長が、その「なれ寿司」が世界中で一番うまいって言ってたらしいです。だからキワモノ相手というか、ゲテモノ食いというか、そういう達人級のセラピストもいるかもしれない……とんでもない人格障害者を扱わせたら日本一みたいな、ね。そういう一種の「匠」のような治療者も存在価値が高いと思う。いわゆる、毒をもって毒を制すというヤツですよね。森先生はご自身で、どうだと思いますか。

森　私は毒を出しているでしょうね。
山田　毒出してますか！
森　私は「毒をもって毒を制す」ことはあるとは思う。
山田　ホントは「徳をもって毒を制す？」知恵を合わせ持つ……？
黒沢　でも何が違うんでしょうね。その気持ち的に。
森　何だろうね。
山田　両方出せた方がいいでしょう、おそらく。毒しか出せなかったらね。あるいは徳だけというのも悲しい。その人自身、(身が) もたないでしょう。九割が徳で一割毒みたいなね……たぶん人間一般っていったら言い過ぎかもしれないけれど、きっと一番適切な極大値ってところってあるよね。
森　徳と毒の配分ね。
山田　これってみなSpecificなんですよ。独特（毒・徳）ってね。これが言いたかった（笑）。
森　(笑)。徳と毒の配分って、どうなんだろうね。
山田　塩梅やね。
森　フィフティ・フィフティ、50・50でいいんじゃないの。
山田　えっ！？　フィフティ、フィフティ？
黒沢　それだと、けっこう毒あるよ。
山田　セラピーの場面では九割五分が徳で、残り五分だけ毒でも、反対にプライベートでは九割五分が毒っていうことは、きっとあり得るよね。つまり、プライベートで無茶苦茶な人がいいセラピストだっていうケースだって一部でも言われているでしょう？(笑)。実例がたくさんあるような気がする。この人の所に行ってみると……みたいな。
森　私のこと言っているの？（笑）
山田　もちろん両立している人もたくさんいるけれど。
黒沢　毒にもいろんな種類があるからね。
森　どうなんだろう。
山田　毒でも良い種類の毒ってあるんですか？
森　徳と毒。50・50でいいような気がする。
山田　その人個人の「ありよう」が50・50でもね、セラピーの場面で自在に塩梅できるからね。知らん間に毒が漏れてました、すみません……ではすまないもんね。そこやね、ほんと……森先生もセラピーの中で悪役を演じないといけない場合ってあるでしょう？
森　あるよ。
山田　ねえ、その時に出す、いわゆる毒めいた、厳しい言葉っていうのは毒ではないよね。後づけはともかくとして……。
森　そんなこと言っていたら、全部毒やなくなるやん?!
山田　そこそこの毒、ワクチンになりうる。猛毒は困るけどね。
森　意図はどうであれ、毒になるような言葉を吐けば、それは毒だ。
山田　その人にどうとらえられようが？
森　そうそう。
山田　毒を吐かなくても、何も吐かなくても毒になることってもありますよね。森先生にね、昔、二十年くらい前に尋ねて聞いたことがあるんだけれど、今日、改めて聞いてみたい……患者さんから、突然に「私、治りますか?」って聞いたら、森先生は何て返答しますか?

森　「治りますよ」

山田　「治りますよ」って答える? 実はね、私の先輩が患者さんから「治りますか」って不意を突かれたんだよね。それで二秒間くらい黙ってしまった。そしたら患者さんが、ああ自分は治らないんだって勘繰って、以後二度と来なくなったっていう例があったんですよ。それで、その直後に森先生に質問したんですよ。二十年前の森先生はそのとき「はぁ~?!」っていう表現で「あなた、何をおっしゃってるの……? 治るなんて当然じゃありませんか」と、治りますよというメッセージを強烈に伝えるんだ、みたいなことを教えてくれてね……。

森　そういう言い方も、なかなかいいね。

黒沢　今、自画自賛ですよね。

森　今は、ちょっとシンプルになり過ぎた(笑)。

山田　そのときに森先生に教えてもらったことなどを踏まえて、今は、瞬間的に脊髄反射で「もちろん、治りますよ……ただ治り方にいろいろありますよ」ってね、そんなふうに答えるようにしてますね。

――話を戻して……良きセラピストになるコツって何でしょうか?

森　優秀なセラピストになるコツね。

黒沢　ぜひ、お話いただけたら。

森　まあ、普通にブリーフやることだよね。まず間を合わせて……。

山田　まずブリーフって言うけれど、ブリーフってフツーじゃないでしょう? (笑) 普通じゃないことを普通にやるって、そこが難しい……。
森　普通のブリーフをやる……。
黒沢　ブリーフは普通ですよ。
山田　本来はね、本当はそうなんだろうけど。
黒沢　ブリーフって、すっごくコモンセンスだと思う。
森　まず合わせる、つまりペーシングするでしょう。ペーシングしてリソースを拾い上げて、それをユーティライズ――使って、介入いれる……。
山田　ＰＲＵＩですね。単に略しただけですけれど（笑）。ペーシング Pacing して、リソース Resource を拾い上げて、Utilize、そして Intervention ね、言えば簡単だけれどね。
黒沢　それに未来志向を入れて。みんなこれをやれば上手くなると思うの。
森　なるんじゃないの？
黒沢　でも、なんでやらない人が多いのかな？
森　これやってうまくいかないってことは、そんだけ下手にやってるってことよ。ペーシングが全くペーシングになっていないとか。リソースの見つけ方が全く見当違いであるとか。そういうこと。普通に、これリソースだよね、これ使うと、どういう使い方ができるかね～って、ユーティライズを考える。じゃあ、それやってみようかって介入すればいいんだよね。普通のブリーフじゃん……？
黒沢　そうですね、これしかやっていない。
山田　普通のブリーフ？
森　これ以外でいいセラピーをしようとすると、かなり難しくなるんじゃないかな。非常に複雑なことをしなければいけなくなる。例えばシステムを考えてみたりとか（笑）。
山田　これ以外のものとして……。
森　そう。
山田　森先生が仲のいい、ロサンゼルスのザイク（編集部注＝ジェフリー。世界的に著名な催眠療法家でミルトン・エリクソンの弟子）、あの人が何て表現してたったけ？
森　ペーシング？
黒沢　テーラリング？
山田　そう、テーラリングだ。テーラリングだって、文字通りクライエント仕立てというか全部その人その人で個別に違ってくるってことだよね。セラピストの側にこれこれがあるんで、やっていくという姿勢とは、全く反対なわけよね。十人十色と言うけれど。
黒沢　その人が自分の中にないと思っていたり、あるんだけれども、それが良くないものとか邪魔物だって思っているもの、それを活かすのがいいんだよというような文脈になると、皆さんだいたいお元気になられるかな。私がやっていることはすごいシンプルなんで。
山田　ここに、行間にあることですよね、きっとね。そこへ、ＰＲＵＩにいくまでの、そこに目に見えないようなものがサポーティブなものがたくさん。きっとね……。
森　そうそう、そうそう。すごい単純なものだと、私は思うんだけれどね。難しく考えればいくらでも難しく考えられる。単純に考えればすごい単純だよ。ものすごく単純化、最大単純化した先にあるのは、さっき山田先生が言ったみたいに、あなたはよくなるよというメッセージを伝えることだけ。
山田　あたり前のことなんですよね。
森　これが最大単純化。すべての人がよくなるよって言ってあげて、ありがとうございま～すって、元気になってていってくれたら、こっちはメッチャ楽なんだけれどさ、なかなかそうは問屋は卸させてくれないから、だから言い方を変えて、手を変えて……。

山田　いいこと聞いた（笑）。

森　だから手を変え、品を変え、「入る」ように言わないといけないんだけれど。

山田　だけど医療の場でもサイコセラピーの場でも、治りますかと問われてて、治りますって答えたら責任を問われるみたいな空気があって、そう答えられない人も多いでしょう？　結局、そこやもん。そこが全く相手の立場になってない。裁判になった場合、どうするんですかって、そんなこと言う人けっこういますからね。

森　今回、病院に入院していて、いろいろお医者さんとしゃべってさ、予後については、まあ、慎重だよね。それは仕事だと思うし、ちゃんと仕事をやっていらっしゃるなと思うからさ。

山田　さっきのピアノの話みたいにミスタッチが許されないという感じなんでしょうね。

森　そうだよね。確かに内科・外科だったらそうかもしれないけれど、精神科はそこをあまり強調する必要はないと私は思うんだけれど。元々、治るんだか、治らないんだかわからない病気じゃん？　元々さ、はっきり治りませんとか、あと何カ月の命ですとかいえる病気ではないやんか……。

山田　治る、治らんということを離れたときに治りますよ、なんて禅問答みたいな、ね。

森　そうそう、そうそう。それでいいんだよね。

山田　煙に巻くという。

森　それでいいし、希望を持てば、希望がかなう可能性は高くなるから。ガンは希望してもなかなか治らないかもしれないけれど、精神科の病気は希望すれば治ることあるさ。

山田　中にはエンドレスなのがキツイという人もいるでしょ。その渦中にいる人はそう思う人もいるかもしれない。要するに治るか、治らんか最初に結論出してくれた方が「楽だ」みたいな。
森　例えば治らないって言ってどうするの？
山田　この先どうなっていくんだって漠然とした中にもヒュッと言われた方が……要するに行く先がわからん方がつらいから。
森　だったら、みんな治るにしとけばいいじゃん。
山田　症状消えることが治るって頑固な人もいてね。症状が消えるよりも、もっと良い治り方しますよって。症状が消えないかも知れないけれど、症状が消えないよりも、ずっといい治り方しますよってね……ソリューションそうよね。森田療法もそうなんやけれど。
黒沢　どんなふうに治っていく？
山田　それもあなた、クライエント次第なんかな。それを選べたら素晴らしいね。
黒沢　どんなふうに治って行くと思う？　という話をするけれども、治るか、治らないのかで言えば、治るのが前提で話をしますね。それで、どんなふうに治っていくかという話をします。
山田　そうよね。きっと治るというのを前提におかないとダメでしょうね。
黒沢　そうです。
山田　大前提だよね。
森　テクニックを使うならば、治るのは治るんだけれど、治り方にもいっぱいあってねと。
山田　上質な治り方。
森　こういう治り方もあるし、こういう治り方もある、こういう治り方もあると。こっちの治り方のメリットはこうこうで、デメリットはこうね。こっちの治り方のメリットはこうで、デメリットはこう、それぞれメリットとデメリットがあるんですよ。どの治り方する？って。

山田　それを選んでく……。

森　それは、なかなかいいテクニックでしょう（笑）。

黒沢　治るということが前提になっている。

山田　そうやね。居直る、というのもある（笑）。治り方の質の高低で、低質の治り方とは、症状はなくなったけれどそれ以外何もないみたいなね、砂漠みたいな感じです。雑草も抜けちゃう。それは質があまりね……。

　確か作曲家のグスタフ・マーラーの治療に際しては、フロイトが治さなかったでしょう？　治さない方がいいと言ったんだよね。治っていないけれど、より生産的な方があなたはいいんだと言われてね。それホントすごいよね。最近の話でいうと、芸術家が来て治してしまったらね、その芸術家の才能もしぼんでしまう。そりゃ淋しいよね。具合悪いときには、毒を吐いてるから良かった。

黒沢　私が大学で初めてこの領域に入ったときに、「創造の病」という言葉を習ったんです。クリエイティブな方のね。さっきも話に出ていたように、芸術家の方なんか、ある意味それが全部治らない方がいいプロダクションになることもあるし、あるいは治っていくプロセスがすごくクリエイティブな人もいるし。

山田　それはすごいね。

森田療法はどこにいくか

森　森田療法の将来はどうです？

山田　それはね、ちょっとひねった森田、オハンロン（編集部注＝ビルあるいはウィリアム。著作も多い催眠療法家でミルトン・エリクソンの弟子）の言葉を借りれば、「ツイスティッド森田」というか、少しモディファイした森田なんだけれど。一般の人にもわかりやすい森田。神経症を患っている人だけ恩恵に預かれる森田じゃなくて、我々が通常どう生きていくか、どう生きるのがプロダクティブなのか、その人の本来の持ち味が発揮・発動されるかっていうことが重要なんですよ、症状なんてあろうがなかろうがね……これが森田の教えの基本なんですね……。

　折しも、昨今マインドフルネスが流行ってきてるでしょう。これからの時代、日本でマインドフルネス、また瞑想というのがサイコセラピーの業界の中にホントに入ってきて、果して必要になるんかなと？……瞑想って、多くの治療者にとってもクライエントにとってもね、現実には、やはり何か……壁があるように思うんよね……。そこで、瞑想なしでも、上質のセラピーが成立するか否かを、私自身としては問い詰めていきたいんですよ。森田療法とも絡めてね、そこが挑戦課題として存在している……。

森　森田療法には瞑想はないの？

山田　瞑想とは語らないけれど、森田は、「もの」（周囲の瑣末な物体）とか「こと」（眼前に存在する課題）に意を尽くすことの重要性を説いています。私の場合、昨晩は豪雪で閉じ込められた飛行機の機内で森先生に狂歌（後出）を創作することに没入して……森先生のことをあれこれと想起しながらね、ああいう状態を森田は「努力即幸福」あるいは三昧《さんまい》とよんでるんです。なんかの対象に一生懸命に意識や動作を投入して、何かが達成したとき幸福が得られるのではなく、そのプロセスを辿っている、歩んでいること自体が幸福だということなんですよね。時間とどう一体化するか、他者の関心事とどう一体化するかとか、そういうさまざまな対象と一体化した一種の軽い意識変容（極めて上質で病的ではない）状態、たぶん森田は、技法としての禅やマインドフルネスが目標としている状態を、卑近な日常生活の行動や動作を通して体現させようとしたんじゃないかと、勝手に私は想像してますね……。

閉眼して座禅を組んだり呼吸に意識をむけるトレーニングというよりも、事物、他者、身体、時間などと一体化する生活体験のなかに、人間の心身を整えさせるに有効な諸々の要素の数々が潜んでいるような気がするんです。そこに、サイコセラピーのエッセンスというか、森田もブリーフもそうなんだけれど、瞑想とかマインドフルネスという言葉を借りなくても、それこそ、それらがブリーフ化されて、独特の呼吸法とか眼球の動きとかによって日常の臨床の中に取り入れていけることが、より多くの人がシンプルに心豊かに生きられる術《すべ》じゃないかなと思うんですよね……。

あんまりマインドフルネスとかが派手に入ってくるより、大

森（左）・黒沢（真ん中）・山田（右）　2015/1/18

きな声で言えないけれど、Mindフルネスより森先生のKindフルネス？の方がいい！……そんなふうに思ってます。

森　瞑想はやってみたことあるんですか？

山田　瞑想という名の瞑想ではないですけれど、ある速読の訓練で眼筋を鍛える訓練をしてると、これが瞑想状態であろうというような非常に意識の鎮まりを得た状態に入ることがあって、これは確かに日常とは隔絶した意識状態だと思いますよね。それをセラピーに、どれだけどう取り入れるかは、今後の課題ですけど……。

森　今日はわざわざ遠くから、ありがとうございました。

山田補遺その1

二〇一五年の厳冬、闘病中の森俊夫先生との対談の誘いを受け、北海道から上京すべく新千歳空港の飛行機に搭乗したのが、確か、一月十七日の午後四時頃でした。

その直後から降雪が突如勢いを増して、結果的に機内で六時間も待機させられることになりました。その間、翌日に森先生に喜んでもらえるかなと思い立って、「もりとしお」の六文字を引っ掛けて狂歌創りを電子辞書と小さな手帳を携えて始めたのです。

するといけません。もう、あれこれと単語を想い浮かべたり、語呂よく組み合わせたり、並べ換えたりする工程が、実に愉しくて仕方なく、いつ離陸するとも判明しないまま機内に幽閉？されていた不快感から、完全に開放されて、狂歌作りに没入していたのでした。

もちろん、狂歌創作の素養自体皆無なので、作品自体の芸術的価値は貧相なものですが、それはともかく、離陸した午後十時を過ぎても、そして午前零時を過ぎて羽田に着陸した後も、モノレールの車中、遂には都内のホテルで湯船に浸かっている時間も、ずうっと狂歌作りにスイッチの入った大脳チャンネルは切り変わらず、結局朝の四時まで約十二時間もの間、森先生との歴史、現在、先々をあれこれ想い描きながらそれを、五、七、五、七、七の言語形式に、おもしろおかしく落とし込んでゆく作業過程、これは私には、本文冒頭のロサンゼルス以来の二度目の森先生絡みのトランス状態だったと、今振り返っています。

そして、この対談原稿を読みながら、推敲していく作業を遂行するプロセスで、録音でときどき呟き込みの混じる森先生のハスキーボイスとあの独特の無邪気な笑い声を久々に耳にしたせいでしょうね、いつの間にか森先生と一緒に協働作業をしているような錯覚にとらわれ、録音が流れたまま、まどろみの中での森先生との邂逅でした。

これが、森先生との三度めの、そしておそらくは今生で最後の共同トランス体験だったのではないかと、感慨に浸りながら、この原稿を書き上げようとしています。

森先生、いろいろとお世話になりました。どうもありがとう、そして、またいつの日にか黄泉の国で必ずお会いし、その際は互いに体を解脱《げだつ》した身で四度めのトランスを共有したいものですね。それまで、しばらく、さようなら。

山田補遺その2　森俊夫に捧げる十首プラス一――ブリーフな解説を添えて

も	諸人《もろびと》は 気々《きぎ》煩ひて 街居るを 木々《きぎ》を訪ねて 森人《もりびと》となる	解説：世の多くの人は、気を病みつつ都会に住んでいるが、やがて緑あふれる森を訪ねることで、安らぎを取り戻すことでしょう。全体のシンメトリックな構成にも要注目です。
り	利を措きて 理を棄て去りて 離に至り 力を律する 流麗の凛	解説：利害に囚われず、理知の価値からも離れた境地にあっては、柔よく剛を制すという凛々しいさまが輝いている、の意で、全作品中、森先生が最も気に入って下さったものです。
と	時の軸 前を游《およ》がず 後曳《ひ》かず マシンを降りて ただ此処に舞ふ	解説：人は一般に来し方行く末に後悔や不安を募らせがちですが、たぶんタイムマシンからさえ下車して、ヒア&ナウを満喫することこそ、究極のあり方なのではないでしょうか？
し	至福とは 舌四肢視覚 シンクロし 調べ妙なる 瞬刻の旬	解説：視聴覚、身体感覚など五感センサーの感度を存分に研ぎ澄ませておくことによって、初めて森羅万象、花鳥風月との一期一会が堪能でき、これぞ「生の醍醐味」であるまいか。

お	お遍路は タップルーツの 森を経て トップツールで 菊の秋かな	解説：ビル・オハンロン（お遍路はん）著 *Tap Roots* は森先生と菊池安希子女史との共訳で出版（『ミルトン・エリクソン入門』金剛出版）されましたが、ミルトン・エリクソンの技法が料理のレシピ本のように解説された Top tool ですよ。
も	森と詩を 語る刹那《せつな》の カタルシス 今にあるこそ 有余涅槃《うよねはん》なれ	解説：森俊夫先生と一緒にこれら狂歌という詩について語るのは私にとってこの上なきカタルシスですが、過去・未来を没却して現在に専念することこそ、有余涅槃《うよねはん》（仏教用語で、肉体を残したまま煩悩一切を断じた状態）。まさに、これに他なりませぬことよ。「今にある」＝「インマニュエル（エマニエル）」で言語や宗教の垣根を越えた真理かも？
り	リカバリーは 威張り、欲張り、頑張りを 尿《ばり》に付すとき 即、デリバリー	解説：精神状態の回復というものは、虚勢、強欲、執着というような邪《よこしま》なる価値に対して小便を浴びせるほどの訣別をすりゃ、その瞬間に自ずと賦与されるはずのものです。
と	トークは近く 遠くで知覚 不即不離 猿知恵追わず 狂ふ者拒まず	解説：語りは至近、遠い感覚を逃さずに、程よき距離感を保持し「去る者は追わず来る者は拒まず」をパロって、賢《さかし》らを棄て心病む人々を喜んで受け容れますよ、ほどの意。

し　師友《しゅう》あり 来たる　手弁当 大盛りで メメント　モリ めげんと　もり！	解説：日本全国津々浦々から師匠、友人らが大盛りの手弁当を携えてやって来ましたよ、曰く「輝ける日常《にちじょう》のためにこそ死を想い、滅入ることなく生き尽くせ、森よ、皆よ」と。
お　お迎えは 今日か明日かは 知らねども 今日課されたる 一興かある	解説：重い病いを得て、我が寿命はいつ果つるとも知れぬ心もとなき状態ではあるが、とりあえず、今日与えられた眼前課題一つに着手すること、ここに小さな救済と喜悦がある。
（追加の一首）も　物思ひ り　柳緑花紅《りゅうりょくかこう》と と　解くるとき し　色即是空を お　可笑《おか》しがるべし	解説：あれこれと悩みを抱えた煩悶の末、柳は緑で花は紅色という、素朴な事実に解答を見出したときに、色即是空なる浮世の実相を愉しむ境地に到達することができましょう。

山田秀世（やまだ・ひでよ）　医療法人社団ほっとステーション大通公園メンタルクリニック（札幌）理事長。クリニックわろうだ（和歌山県田辺市近郊）院長。都立松沢病院在籍中に八丈島への出張診療で森俊夫氏と出会いブリーフセラピーを知ることになった。昨今は森田療法を本邦発のマインドフルネスとして国内外に売り込むべく画策中。

第4章　CBTとソリューション

西川公平×森　俊夫×黒沢幸子

森　遠くからありがとうございます

西川　いえいえこちらこそ。

森　西川先生は、若手代表だから。若手……だよね？

西川　中堅くらいですかね……。いつまでも気持ちは若手ですが。

森　西川先生と津川君、二人に若手代表をしてもらおうかと。

西川　津川さんは私よりもうちょい上ですよね。五～六歳くらい上じゃないですか。

森　じゃあ、中堅辺りを代表して。

西川　代表（笑）。僕は何を代表すれば良いのかな。認知行動療法（ＣＢＴ）かなと思ったんですが。

森　うん、うん。まあ、別にＣＢＴの観点から話しても良いし。別にＣＢＴ関係なくても良いですが。とりあえず私も先がだいぶ少なくなってきたんで……。

西川　いやいや、そんな。
森　だから今の内にここだけは聞いておきたいとかディスカッションしておきたいというところがあればいただけると嬉しいですけど。
西川　あれ？　心理療法の愛についての話じゃなかったんですか。
一同　（笑）。
西川　やっぱり対談は愛についてかなと。
森　愛は大事。

愛についてさまよう三人

森　心理療法でも、人生でも愛は大切だ（笑）。いや、でもマジな話、やっぱ愛ですか、心理療法。
西川　どうなんでしょうね。まあ、愛にもいろんな形がある。大いなる意味においては愛なのかもしれないですけどね。なんかこう……。なんでしょうね。お節介っちゃお節介なんですけどね。紐が絡まってる感じで、解いたらええのにっていう。
森　うん、うん。
西川　こんなに絡まってたら使えんやん、みたいな。そんな感じですけどね。だからまあ、お節介、愛と言えば愛。
森　なるほどなるほど……。結構クライエントのためにとか考えんの？
西川　クライエントのため……。クライエントのために。この人を助けてあげたいとか？　……そんなに思わないですね。まあ、たまに思わなくはないですけど、それは可哀想やなって。たまに思いますけどね。でも、どっちかっていうところ……（少し悩んで）まあ、基本その、読書に似てると言われてね。だからこう、本を読んでるみたいな感じ。

森　うん。

西川　クライエントさんが喋らはるの「へー」と思いながらやってて。だから、むしろ毎回楽しませてもらってて悪いなーくらいの感じですかねえ。だからスッゴイ変なこと言ってくる人も「キタ！」みたいな。だから、好奇心なのかもしれないですね。好奇心。

森　うん。

西川　この話の続きどうなんのかな、みたいな。

森　その辺の感覚って言うのは全く同じかもしれないね。そういうのってどっから出てくるんだろうね。このスタンスで臨床やってる人もいるけれど、そうじゃない人もたくさんいるやんか。

西川　それこそ、受容と共感から、慈悲から、愛から、クライシス・コンプレックスまで。

森　我々はなんでそうなったんやろうね、好奇心学派。

西川　（笑）なんか大事なものどっかに落としてきたんちゃいますか。

森　落とした？

西川　いやー、どうやろ（笑）。

森　黒沢先生は少しはあるの？　好奇心を感じたりする？　それとも愛？

黒沢　好奇心……の方が強いかね。愛って難しいね。なんだろうね。

西川　愛のテーマになってきたじゃないですか。

黒沢　愛ね……。なんか大学の時の一般教養で随分やりましたけどね。愛にもいろいろあるとかね。
西川　アガペーとか？
黒沢　そうそうそう。アガペーとエロスとか。
西川　なるほど。
黒沢　でも森先生だって博愛主義とか言うじゃないですか。
森　うん、一応ね。
黒沢　そういう意味での「愛」だったらあるかもしれない。
森　うん？
西川　え？　今の話森先生には愛がないという前提で、「でも博愛だったらある」、みたいな話ですか？
黒沢　そうですよ（笑）。
西川　（笑）それもまた凄い話ですね。
黒沢　特にアガペーに関してはどうだろう、みたいな。知らないけど。
森　何、アガペーって。
黒沢　ほら（笑）。エロスはわかるよね？
森　エロス？　性愛。
黒沢　うん。ま、どちらかというと、かな。アガペーは慈悲みたいな感じなんじゃないですかね。
森　ジヒってなんだ。
黒沢　慈悲。
森　チャリティー？

黒沢　うーん、チャリティーっていうのは多少違う……。
森　チャリティーとは違うの？
西川　良いことのために時間を作っているという自分に酔いたいというそういうのが……。
森　それがアガペー？
西川　チャリティーですよ！
森　はー。それがチャリティー。
西川　それがチャリティーじゃないですか。愛は自由を救うとかね。良い感じで。
森　自分のためにやってたらチャリティー。
黒沢　うーん……。そういう風な言い方する人もいるかもしれないね。
森　じゃあアガペーは何？
黒沢　アガペーはどちらかっていうと、自分をなくす？　無私？　あの……。
西川　滅私奉公的な。
黒沢　『奉公』ではない。
森　アガペーかは知らないけど、そういうのはある。
黒沢　私は知らない（笑）。知らないけど、愛ってだから難しいねって話したの。何を以てしてそういうのかなって。
森　うん。
黒沢　でも人間に興味があるかとか、人間が好きかどうかとかって言われるとどうですか？……また好きと興味は違うか。

西川　うーん……。まあ、逆にもう他に面白いものがない（笑）。あと何があるん？って思います。遺跡発掘とか、やりたいわけじゃないし。この退屈を凌いでくれるのは人間くらいなもんで、みたいなね。他に残ってないやないですか。
黒沢　うーん。でも人相手の仕事って他にもあるじゃない。
西川　まあ、そうですね。でも、こんなにも人の家入って台所ガサガサ開けるみたいな仕事できるのってなかなかないですよ。
黒沢・森　（笑）

何を採り、何を採らぬか、それが問題だ

――人の家の台所を開けてるみたいな感覚のセラピーをしているってことですか。
西川　いやー、どうでしょうね？　下賤な仕事ではあるという自覚はあるんです。インテーク面接だとか言っていっぱい情報を集める人いるじゃないですか。歴代にわたって家族の詳細を聞いたりとかね。
黒沢　産まれる前からの家族樹つくったり？
西川　そうそうそう。あんなんとか、気持ち悪くてね。使わん食材買い込んで腐らすなと。
黒沢　あー。なるほどね。
西川　王手がかけられるだけ駒を取って王手かけたらええやんていう。歩から何からいらん駒も丸裸になるくらい全部取ってくみたいな気持ち悪い情報収集するのは苦手ですね。
森　あれは、やっぱりそういう風にしろって教わるからそうするんやろうね。教わらんでもやってるやろうか

ね。

西川　スーパーバイズしてますけど、うちでも何人かは、そうしてますね。不安やからかもしれませんね。

森　しろって言わんでもやっぱりやってしまう。

西川　やっちゃうみたいですね。

黒沢　ふうん……。その、『いらん情報』も一通り聞いとく、みたいな。

西川　聞いちゃうみたいです。収集癖みたいな。

黒沢　上司である西川先生はそうしなさいって言うわけではない。じゃ、何を聞きなさいって言うんですか。

森　スケールの尺度はちゃんと取れって言うんでしょ。

西川　スケールはちゃんとつけて。それは言いますね。なんやったら、ウチはそれはネットでダウンロードして尺度書いてもってこいって言いますから。

黒沢　あー、なるほど。……でも、他に何を聞けとスーパーバイズで仰るんですか？

西川　必要なことを聞けと。

一同　（笑）

西川　禅問答か（笑）。いや、聞かんかったことの失敗みたいなのはよく言うじゃないですか。なんで聞いてないんだみたいなね。でも聞き過ぎた失敗についてあんまり言わないなと思ってね。学派によっては、インテーク面接に二回くらい、つまり二日くらい使いますよね。なんで聞いたんやみたいな話でね。失礼やろがみたいな。

森　そんなん言うたら投映法なんか全然使われへんよね。

西川　まあそうですね。

森　でも、スケールは取るんでしょ。なんでスケール？　必要な情報やから？

西川　医療機関紹介するときに心理検査の所見を書いて渡せるっていうのがありますね。あとはちゃんとした紹介状を書いてちゃんと返信もらうことで、地域の医療機関と繋がっていこうというコミュニティ戦略ですね。もう一つは、マスのデータを取ってウチだとこんなもんがこんなもんになりますとか、学会発表とか報告書とかネットの情報として書いて出したりとかするときにも使える。でも全く患者さんのためではないですね。でも、取っとくとそれを面接の中で話のネタに使うこともちろんなくはないですけど。

森　黒沢先生はなんで取らないの？

黒沢　取らない……。コミュニティ場面に臨床が慣れてるからかな、きっと。だからあんまりそういう風に取って面接をやるっていうような臨床場面に滞在したことが少ないかな。

西川　なるほど。母集団の違い的な。

黒沢　うーん。っていうか、学校とか産業場面とかでクライエントさんと話す――みたいな場面が多いから、私の場合。スケールを取っている時間がもったいないみたいな。

西川　僕は産業場面だったら取りますけどね。大体休職してはるから。

黒沢　だからそれは、ちゃんとそこにご相談に行かれるからでしょ。私は会社の中で、ふらっと会うみたいな感じが多い。

西川　いやいや。会社行って、取りますから。

黒沢　行って？

西川　行って取って、あんま変わってなかったら違う病院紹介するので。

黒沢　ああ、そうかそうか。うん、そうですね……。今、取ることは正直言うとクライエントさんのためじゃないかもしれないって仰いましたよね。だから、こちら側のためっていうそのニーズがこちら側にあんまりないのかもしれない。

西川　なるほどね。

黒沢　クライエントさんのために直接的な意義が凄くあるのなら、取ろうかなって思うかもしれないんだけど。もちろん、マスでちゃんと見て効果が確認できるなら、間接的にはクライエントさんのためかもしれないけど。

西川　なるほど。スケールって本当の点数じゃないと思うんですね。うつの得点とかね。我々は数字には騙されやすいでしょ。うつのスケールは、数字のマジックというのを遺憾なく発揮して。クライエントさんに、ＮＡＳＡが開発したって言ったら信用するじゃないかという……。ちょっと古いですかね。

森　（笑）

黒沢　ちょっとね。

西川　ヤバいですかね。でも、そんなことを言うたら信じるので。最初から見たらうつ得点が半分になってますよ、みたいなに言うと、患者さんも元気になるというか。

黒沢　そうですね……。今後やってみてもいいかもしれないけど。どうだろう。

西川　なんとなく科学っぽいモノを信じるという世間一般の大いなるナラティヴに乗っかってるのがＣＢＴ。

黒沢　うんうん。

西川　ほんまにそれ本当かって言われると途端にやばいことになっていきますけど。スケーリング・クエスチョンとかも完全に主観的数字でやっていくとそこに客観を匂わす風も必要性もないってことやと思いますけどね。客観風を匂わしてやっていこう、やっていきたいな、みたいな。

黒沢　いま聞いてて思ったのは、なんか問題を減らすって言うことにあんまり直接的に興味がない。自分がするアプローチにとって、ね。結果、問題は減ってるかもしれないし、結果、そのことは気にならなくなってるかもしれないけれども、最初これくらいのものがどれくらいに減ったみたいな角度からモノを見ていない。たとえばうつの状態が強かったのが楽になったとか、それは、そこにまずターゲット当ててないかもしれない。

西川　なんやかソリューション対ＣＢＴみたいな風の文脈になってきてますけど。

黒沢　（笑）ソリューションがＣＢＴより良いかはわからないんですけど。

西川　いや、極端に言ったら問題に焦点を当てようが、解決に焦点を当てようが、どっちでもええかなみたいな感じはしますけどね。

黒沢　うん。

西川　解決に焦点を当てなくちゃって拘ったら、もうそれが問題でっせみたいな話なワケですし。

黒沢　うん、それそれ、それはそうです。

西川　問題に焦点当てなくちゃとなっても、たかが言葉にとらわれてしまう我々の、なんて言えば良いですかね――残念なところ、みたいなのにセラピストがなっちゃわないようにどうしたら良いのかってのは思いますね。

スケーリング

黒沢　なんでスケールを取らないのかなって思ったときに、ああ、なんかそういうもんが減るということにあんまり意識が行ってないなって思ったからいま申し上げたんですけど。でもやっぱりスケーリングとかしてみて、本人の主観的なね、数値で言われて、セッションの中で変化するってこともちろんあるし。

西川　まあ、我々で言うと「不安はじゃあ、百点満点で何点ですか」みたいな。

黒沢　（笑）

西川　あの質問のナンセンスさは言ってる自分ももうたまらないところがあるんですけどね。不安は百点満点で何点ですかって言われても言いようないでしょ。

黒沢　それって割とCBTではよく聞く質問なんですか？

西川　よう聞かれますね。不安階層表を作ったりとかね。

森　私、今入院してる最中は必ず毎日、何回も聞かれる。

西川　痛みはとか？

森　痛みは何点ですかとか、10点とか。

西川　VAS (Visual Analogue Scale) かな。そうですね。VASだと選ぶとか。痛いとか、痛くないとか。「ここ」とかって言いますね。

森　最初、なんやスケール聞くみたいな真似してって思っていたけど、だんだん慣れてきて。

西川　……ちなみに今日痛みは何点ですか？

森　今日は痛いよ。

西川　あ、痛いですか。

森　今日はMAX……。7近く。

西川　7近く。

黒沢　結構痛いね。
西川　じゃあ残りの3は……みたいな。
森　今日は痛い。
黒沢　7はだいぶいってるね。病院にお見舞いに行ったときに聞かれていたことがあるけど、3とかちょっと痛いときは4とか、そんなものだったでしょ。
森　そうそう。大体、3〜4辺り。
黒沢　3〜4辺りっていつも言ってるの聞いてたから。
西川　へー。
黒沢　7はだいぶいったね。
森　答えて涼しげな顔したときに、看護師さんの安心した顔が……。
黒沢・西川　(笑)
西川　なるほど。強化子ですよ。
森　看護師さんの安心のために聞かれてるんやなあと思って(笑)。
黒沢　(笑)
森　こっちはどうこうしても痛みは数字化、スケーリングしようがしまいが痛みの感覚はあるんで。
黒沢　はい。
西川　うん。それは実体として。
森　実体としてね、あるからね。
黒沢　うん。

森　わざわざ数字にすることもない。患者側としてはあんまり意味を感じなかった。

黒沢　特に痛みについてはそうか。痛みの数値化ね。

森　よくわかりませんよね。痛みって言うのは一番共感しにくい感覚やからね。だから数字とかそういう風に言ってもらわないと、医療関係者としては非常に理解しがたい。痛みってめんどくさい。客観的な痛みよりも患者さんが主観的にどのくらい痛いと感じているかっていうことをちゃんと数字化して情報として聞くって言うのが凄い大事なんやないかなと。

――そういうのって最高に痛いときって何と比較するんですか。出産と比較するとか……。

西川　（笑）森先生だって出産はしたことないでしょ、さすがに。

森　そういう難しいこと言い始めると、大変。ほいで、こう、主観的に０～10スケール。一番最初の看護師は１～５で来たからね。

西川　１～５？

森　１～５！

黒沢　１・２・３・４・５。たったそれだけ。

森　１～10の看護師もいたからね。０じゃなくてね。

西川　それ、バラバラでええんですか。同じ病院で。……なんやろ、後で計算しはるんかな。

黒沢　２倍にしたり？　半分にするとか。

――０があるとないとでは随分違いが出ますよね。

森　随分違うよね。だから、数字化すること自体にもうちょっと意味があるのかなと思うよね。本人的にも、クライエント的にも利益がある。

西川　数字にすることはＣＢＴはうるさいですからね。特に行動療法にはたまらんくらいうるさいですから。

――スケーリング・クエスチョンってソリューションでもあるじゃないですか。森先生は使わないんですか？

森　ふだんは使わない。教材ビデオの中でなら使う。

――それは、数字を聞いてもしかたがないから聞かないのか、聞いても面白くないから？

森　スケーリング・クエスチョンで、それを使ってやりたいことってあるやないですか。私の場合、そのやりたいことはスケーリング・クエスチョンを使わないでもできる。なので、わざわざ使わない。だから、ビギナーさんに教えはする。便利やから。そのやりたいことをスケーリングを使うと割と簡単に、誰でも、初心者にもできるからね。

――スケーリング・クエスチョンは、たとえば今５だとしたら、次６になるにはどうしたら良いと思いますか？　みたいな質問をするのがキモですよね。

黒沢　どうしたら良いって言うか、６の状態は今とどんな風に違いますかってこと。

森　それもやりたいことのうちの一つ。

西川　どうやって５をキープしてるんですか？　とか聞いてみたりもしますね。

森　コーピングとか、サバイバルとか、そこへもっていくために、スケーリングを一発かましとこうみたいな。

西川　泳げない人にとってのビート板みたいなもんですね。そんなに泳げたらビート板いらんやろみたいな。ちなみに、ええ感じの未来への鋳型を作ってそこへひょいと流し込んだら終了って話ですから。

森　スケーリングの目的って大きく二つあるわけやけど。一つはリソースや例外を引き出すために得点化してもらうわけやね。何点とか言うてもろたら、その何点分なんですかって突っ込めるやんか。その会話のなかからリソースが出てきたり、こういうええことだってあったんですよって例外の話が出てくる。そのためにスケーリングを使う。もう一つがゴールの話し合いをするためにスケーリングを使うわけやね。今が5点。ちなみに6点になったときにはどうなってるんですか、それは今とどう違うんですかって話に持って行く。これがゴールの話し合いやね。大きくこの二つがあるわけや。だけど、私の場合この二つスケーリング・クエスチョン使わなくても自然にできる。だから使わない。逆にスケーリング・クエスチョンに出ることは私にとっては手間を一つ増やすことになる。とにかく省エネなんで、私は。削れるところは全部削る。

ＣＢＴって何に必要なの？

――ＣＢＴのスケーリングってのはどんな意図があるんですか。

西川　うーん……。まあ、数字で見てて数字で判断しましょうっていうのはＣＢＴに限らず、まあまああることなんで。会社でもちゃんと売り上げで見ましょうとかね。本でも売れたかどうかで見ましょとかね。いい人が書いた良い本やからとかじゃなくて売れたかどうかですよ、出版は、みたいな価値観があるわけじゃないですか、どこの出版社でも。で、儲かってんの？みたいなね。だから、基本的にはその路線に乗ってってもらうことっていうのを患者さんに言うわけです。その路線に絶対乗りませんみたいな患者さんはあんまりいないですからね。だからそこに共通で理解しやすさが出るんじゃないかなっていうことですね。たとえば、よくわからない……笑顔が増えた的な指標だと共通で理解できないわけじゃないですか。共通理解の流れから来てるんじゃないですかね。スケーリングも何もかも。で、それが、ワールドワイドに広がって、エビデンスを取りましょうって話になっている。だから、そこには、スケーリングというのは社会で構成されてるものだって概念はないと思いますね。実数字になっている。勢いでね（笑）。

森　うん。

西川　でもまあ、ブリーフの方のスケーリングというのは基本的にはスケーリングそのものも構成されてるんですよね。その人の、クライエントの、セラピストの中では構成されてるような数字があって。問題も解決も何もかも構成されてるもんだという話かなって思ってますけど。知らんので。

森　そうやと思います。うん。……その、日本認知・行動療法学会なんかやと、社会構成主義の話は全く登場する余地がない。

西川　ないですね。ところが実際の面接では完全に構成されてるんですよね。何をするにしても構成されてるワケですよ。当然ですけど。どの数字をどう言って、それが相手にどう入ってどうこうなってって。完全に構成されてる以外の何ものでもないっていう話になりますよね。

黒沢　うん。

西川　行動療法はそれをしない。だから、行動療法学会とかだと、嫌がらせにビデオとかで症例出してるんですけどね、そういうのをね。

森・黒沢　（笑）

西川　で、ブリーフで出すにはカチカチに数字のヤツ出すわけですよね。嫌がらせでね。

森・黒沢　（笑）

西川　そら、その子は、その、タイムマシンで未来まで行ってるやろうけど、全校生徒中の何パーセントがどうなったんですか？　みたいなことを言うわけ（笑）。あくまで、盛り上げるために。

森　この前、日本心理臨床学会の自主シンポあったやん。

西川　はいはい、横浜で。
森　横浜で。
西川　初参加でした。
森　行くつもりなかったんやけど、私。黒沢先生が来いという……当日。
黒沢　……命令（笑）。
森　で、行った。コメントまでさせられた。
黒沢　うん。計画通り。
森　あのときに、なんか、回数の話になったんや。それでフロアからなんかアホな質問が出てきたんよ。このケースは、たとえば何回で終わりそうだとか。そういう辺りはどこら辺でアセスメントしてらっしゃるのか、みたいな。その時に、私は切り捨てたよ。
西川・黒沢　（笑）
森　まずそういうことをブリーフ・セラピストは考えないし、面接回数というのはクライエントの状態に全く依存していない。面接の回数が依存しているのは、セラピストが何をやったかと言うことだけだ。そう言ったときに、その先生が、こちょこちょやって「いや、依存するよね？」とか言うてたよね。
西川　うーん……。まあ、結局依存するという前提でいけばいくほど、要するに「これは一五〇回かかるな」と思ってたら本当にかかると思うんですよね。
森　それはクライエントの状態ではなくて、セラピストのやってることやね。
西川　そうやね……。ウチやと、精神科の病院に２年ほど入院してて退院してすぐ来るとかいう人だと、「これはまあ時間かかるよな」と思ってしまうんですよ。それはいわゆるセラピストの話で。そりゃまあ一回で治ったでええんですけど。なんでもね。

森　本当に面接回数というのはクライエントの状態に全く依存してはいない。まだしも期間ていうのは依存するよ。治療期間は。その中で、その一定期間の中で何回会うかっていう回数は、完全に患者の状態依存変数じゃない。どうやって関わるかだけ。

西川　どう思って関わるか、何回で治ると思って関わるかの前にね。

森　そうそうそう。

西川　で、治るって思えてないのにセラピーする人っているじゃないですか。

森　あ、いるいる。

西川　「前提として良くなるけど、何回かかるかわかんない」ならまだしも、良くなる前提っていうのがそもそもないセラピストもいると思いますね。

森　いるよね。

西川　「ずっとお付き合いしていくこと。それが素晴らしい」的なコメントなんかもありますよね、日本心理臨床学会にはね。「抱えていくのだ」的なね。

森　日本心理臨床学会にはたくさんあるよね、その手のコメントね。行動療法学会にもあった?

西川　行動療法学会は、何回かかっても良いから着実に、地味に数字伸ばしてけ、というスタンス。数字が伸びてなかったらアセスメント見直せと。間違ってんだからと。

森　西川君は、行動療法や認知療法やＣＢＴに関わったのはそばにあったから?

黒沢　今びっくりした。全くおんなじ質問しそうだった。私、電波飛ばした?(笑)

西川　(笑)えーっと。なんでって言われてもあれですけどね。臨床があって。なんかの間違いで僕は臨床を始めて。

黒沢　なんかの間違いって、なんの間違いから始まったの（笑）。

西川　なんの間違いやったかな？　まあ、セラピーを何某かの説明せなあかんわけですよね。誰かに。親にとか、ドクターにとか、学校の先生にとか。その時に、理解されやすいのがＣＢＴの用語だったからっていうのはありますね。それで納得されやすい。

黒沢　どんな用語？

西川　それは、こうこうこうで、不安が大体平均して一日の間にこんなもんで、たとえば腹痛が出てて学校休んではりますけど、こんな試みをしたらこんな風に数値の変動があって。で、今後はすごろくみたいにここまでいく、ここまでいく、と階層になってて、それを順々にやってるところです、みたいなこと言ったら先生は大納得ですよ、そら。親も納得、本人も納得。シャンシャンみたいな。

黒沢　うんうんうん。

西川　ブリーフもしたことありますけどね。その、すごい行き渋る子に「庭でメシ食い？」って言うて庭でメシ食ってもろたら、その日からずっと学校行って……それを先生に説明するのは大変でしょ。「なんで学校、来たの？」って聞かれて、「庭でメシ食わしたから」みたいな。それをどう説明すんの？ みたいな。「は？」みたいな顔してましたからね。そら「はあ？」やわ、みたいなところはありましたからね。

黒沢　うーん。なるほど。

西川　だから、社会は構成されてるかもしれんけど、社会構成主義はもろもろみんなのとこまでは追いついてないっていう感じしますけど。

黒沢　その、外でメシ食わしたら行ったって時は先生はどうやって説明したの？

西川　（笑）
森　なんのつもりでやったかって言う。そのなんのつもりでやったかってところを説明するんやろね。
黒沢　私、そんなに説明しにくいと思ったことないけど。
西川　うん。
黒沢　やったこと変ですけど、要するにこう言うことですよーって言うとなるほど、みたいな。
西川　うん。
黒沢　そうですね、学校の先生の種類とかにもよるかもしれないけど。意外と現場の人って何でもありって言うか。
西川　ああ、そうですね。結局良くなったかどうかですよね。
黒沢　良くなりゃいいんだみたいな、でもそういうわけかみたいな。
西川　学校に来たからなんでもいいですけどねって。
黒沢　面白いねーみたいな感じで。でも、確かにドクターとかだったらきちんきちんと言った方が良いかもしれないですね。
西川　でも子どもは、どんだけＣＢＴの理論に基づいてアセスメントしてキチンとセラピーやろうとしても、その想定より圧倒的に早う治りますからね。全然関係ないやんこれって言う。
黒沢　そうそうそう。
西川　よくパニックの人が薬の包み紙を破った瞬間に不安が下がるみたいな、ああいうのと一緒で、子どもってまだ治療に入ってるわけちゃうで、というタイミングで、もう終わって勝手に学校行ったりするから、あんまり説明しづらいですね。ＣＢＴではね。

黒沢　で、ＣＢＴ？
西川　説明しやすい。
黒沢　ああそうか、一つは説明しやすい。
西川　説明したときに、なるほどーみたいな感じになりやすいっていう。
黒沢　これは便利やなーみたいな。他には？
西川　他には？……ＣＢＴねえ。……ひょっとしたら、特にこだわりもないかもしれないですね。一番最初に見たのはブリーフセラピーですからね、僕ね。
黒沢　誰に？
西川　長谷川啓三さん。東北の勉強会で……。でも、まあ、やってるとＣＢＴのパッケージは初心者には便利ですよ。あの、マクドナルドのバイト・マニュアルと一緒で、こうしてこうしてこうしてって微に入り細に入り書いてあるし。……守れたことはないですけど、マニュアルは。
一同　（笑）
黒沢　それやると、やっぱりどんな初心者の方でもかなりの確率でスタンダードなレベルにはなるんですか？ＣＢＴの、それだけの丁寧な、微に入り細に入りなマニュアルがあると。
西川　それがなるとしている研究もありますし。
黒沢　そうかそうか。
西川　そうじゃない、本当のカウンセリングや心理療法とは、このような深い、このような技術を以てしてなるものなのだ的なことを言ってる人もいますし、なんとも言えないですね。
黒沢　そっかそっか。

西川　でも、トークセラピーじゃないですか。言うたらおしゃべりなんで。おしゃべりが上手か上手じゃないかみたいなことはね、そういうのに起因してない感じしますけどね。
黒沢　してない感じ。
西川　ブリーフセラピーを五年学んだ凄い喋り下手な人と喋り上手な人とどっちが治すかってやったら、どっちがほんまに勝ちますかね。
森　うん、そうだと思う。しゃべくりの技術はみんなもうちょっと、何派であろうが身に付けて欲しいよね。
西川　だから、一回、家族療法家族研究学会かなんか言うところに言って。広島の岡田先生とか言う……。
――　岡田隆介先生？　児童精神科医の？
西川　そうそう。話が超面白い先生がいてね。びっくりしたことがあります。シンポジウムで十五分間大ホールがずーっと大爆笑なんですよ。ずーっっっと。そんな喋りある!? と思って。クスクスとかじゃないですからね。気持ち悪いなーと思って（笑）。まあだから、どこまでも上には上がいるんですよね。
黒沢　うんうん。
西川　だから、それは鍛えることができるのかっていうところで、さっきのスケーリング・クエスチョンとかＣＢＴのマニュアルとか、ビート板みたいなものが用意されているという。そして、そっちの方が、たとえばスケーリング・クエスチョンを全部教えますみたいな本の方が売れたりするんじゃないかなっていう。ほんとのところ。
黒沢　（笑）いやいや。
西川　タイムマシン・クエスチョンなんちゃら！とか、そういう本の方が、真に構成されているものなのだよそれはっていう。話を突き詰めて書いた本より売れるんちゃうかなっていう……。

——……それは売れますよ。
黒沢　だよねー。スケーリング・クエスチョンを極めるとかいう本なら売れるかもしれない。『CBTのスケーリング』『ソリューションのスケーリング』。
西川　『ケアマネージャーがグッと楽になるスケーリング・クエスチョン』みたいな。
森　（笑）

軽さが妙味

西川　ブリーフの歴史を見てると、短いことは良いことか悪いことかみたいな、そんなシンポジウムを昔されてたんですよね。ブリーフの学会でね。僕、『存在の耐えられない軽さ』っていう本があるんですけど。すごい好きで。ミラン・クンデラっていう人が書いてて。軽いが良くて重いが悪いのか、重いが良くて軽いが悪いのかみたいな話があったんですね。最初なんとなく拝見してて、森先生の言葉を軽いなって。軽みがあるような気がするんですよね。羽根のように軽いって言うてんですけど（笑）。これ、褒めてんのか貶してんのか物凄く微妙なところになってしまうんですけど、まあ褒めてるんですけど。……「まあ褒めてるんですけど」って言うのは軽いわけですよ。
黒沢　うん。
西川　だから、言葉の持ってる重みとか軽さみたいなことって言うのが……。それは、演劇の台詞って言うのは、なんぼ「赤城の山は今宵限り」とか言うたとしてもそれは台詞じゃないですか。言うてもね。だから、あくまで森先生の言葉って台詞だから重きにならないのかな、と言うこと思ってたんですよね。

森　ううん……。まあ、私のやってた芝居って言うのはめっちゃ重いしね。
西川　ああ、重い芝居ですか。
森　軽い芝居ではない。
西川　そうなんですか。へえ……。どんな芝居をやってたんですか。生きるべきか死ぬべきか的な。
森　ううん。そういうメッセージ性はない。
西川　メッセージ性なく重い。
森　うん。
西川　………子泣きじじい的な？（笑）
森　まず、俳優の動きが遅い。
西川　俳優の動きが遅い。
森　軽い芝居って動きが速いやん。
西川　ああ、コミカルな。
森　で、台詞のテンポも速いやん、軽い芝居って。ウチらがやってた芝居は動きが遅くて、ゆっくり動くの。それで、台詞のテンポも割とゆっくり。で、間が長い。だから、そうやってると重い芝居になるんや。
西川　ああ、そうですね。
森　うん。
西川　で、それはいま表現としての技法がスロー帯ってことだとして、表現してた中身っていうのはなんやったんですか。
森　表現してる中身は、我々がやってた芝居は俳優を見せるって言う一点だけ。

西川　俳優を見せる。
森　うん。だからシナリオには意味を持たせない。
西川　なるほど。
森　だからメッセージ性がないって言うのはそういうことよ。
西川　ああ……。
森　だからこの芝居を見て何かを感じ取っていただきたいというのは何にもない。あの俳優は面白かったねみたいな、それで俳優が一人で舞台に立ってれば嬉しい。そんな感じの芝居や。
西川　人が人として印象に残る、みたいな。そういうことですか。
森　そうそうそう。
西川　こないだも見せてもらった森先生の面接のビデオで言うと、確かに頷きはゆっくりな感じというか、動作もそんなにせかせかしてないみたいな話っていうのはそうやと思いますけど。森先生という人を見せているセラピーかっていうとそんなでもない感じしたんですけど。
森　ああ、今はそうやね。普通の面接になってきたよね。年取って来て。
西川　昔はもっと俺を見ろ的な。
森　そうそうそう。
西川　あ、そうですか。どんなことしてたんですか。俺のことを見てみたいな感じやったんですか。
森　そう。この面接は森以外にできひんやろっていうのを心がけていた。
西川　へえ……。森ならでは的な？
森　そうそう。周りにいたブリーフの連中はみんなそういう人たちやったからね。東豊や吉川悟に私も対抗せんといかんわけやから。

西川　濃さで？……それは、ちょっとあれですね。こってりしてる感じですね。

森　（笑）

西川　確かに、昔のブリーフの本とか見ると、ああ、こってりしてる感じやな、みたいなことありますよね。今のブリーフの面子は、もっとシティボーイ・シティガール的な。……この表現も古いですけどね。

森　そういうのが、最近の若い子の中にももっと出てきてくれてても面白いなあとは思うけど。最近は、だから西川君とか松原慎くらいやん。

西川　「濃さ」で言うたら？（笑）

森　濃さって言うか、キャラで売ってるのは。

西川　僕はもう目立たんように目立たんようにってしんみりした感じで。

黒沢　ありえないと思う。大体どこ出てきても目立つ恰好してるし。

森　昔はだからその二人みたいな、そんなヤツばっかりいたみたいな感じやったからね。

黒沢　確かに確かに。

育てれば育てただけ賢い小粒

西川　なんかその、若い世代が……そらＣＢＴでも似たようなもので。『もののけ姫』、見たことあります？そのなかで妖怪の親玉みたいな人が、オッコトヌシとか言うイノシシの化け物が自分の配下を見て「みんな小さくて馬鹿になってきている」って言うシーンがあるんですけど。

一同　（笑）

西川　そういう、賢い小粒感みたいなのが世代に出てきたところですね。なんなんでしょうね。洗練されているというべきことなのか。なんなんだろうかってのはありますけどね。

森　まあそれはしょうがないよね。心理療法もだいぶやり方がわかってきたからね。

西川　なかなかそう言い切れる人もそんなにも多くないかもですね。

森　そう？　でも、マニュアル、たくさんあるよ。こうやってこうやってこうやりましょうみたいな。我々の時代はそれすらそんなになかった。だから何やってもアリやったし。

西川　今の小粒な人たちはマニュアルの多さにかえって目がくらんで何して良いかわからへんみたいな感じあるかもしれませんけどね。そこ使うとこちゃうやろ、みたいな。

森　今は、技法にしてもたくさん教わってるから。我々の時代は技法を作るところから始めてるからさ。そしたら、タイミングの話やらなんやらってのは出てきようがないんや。作ってる最中なんやから。

西川　はあ、はあ。

森　当然タイミング的にはここでなんか一発かましとくのが良さそうっていう。

西川　ここ引いたらやられるみたいなとこがね、あるわけですね。

森　何をかますかみたいなところから、技法が出てくるわけだね。今の若い子達は、すでに技法は存在していてそれをどう使うのかを勉強している。そんな感じになるよね、それは。あるんやから。使うなとも言われへんし、教えないわけにもいかないし。あるものをさ。

西川　やっぱり、話をするんじゃなくて、技法があるからこの技法を使うタイミングタイミングってやってる時、もうほぼクライエントさんを見てないですよね。

森　そうそう。
黒沢　うん。
西川　それもう、己の出すタイミングを見てるだけで……。だから、まさしく面接という空間で、それこそ構成していったらええやんかっていう。プリミティブに構成していったらええやんかっていうのがブリーフセラピーやったのに、ブリーフセラピーの技法がぱぱぱぱっと出てきて、その技法をどうタイミングで使うかみたいになった時にそれはもうすでにブリーフじゃないみたいな。なんとも難しい矛盾になるような気もしますけどね。この技法を使うとこう構成されるからとか言われたら「ちょっと待って」みたいな感じが。
森　そうやね。社会構成主義ちゃうよね、それ。
西川　ということを……最近はその矛盾みたいなのをブリーフはどうしているのかなっていうのが、私の聞きたいことですかね。
森　若い子たちがやね。我々はもうやってきたから。自分なりのものはもうあるわけやから。今さらそこに別に取り込まんでもそれなりにやるので。お若い人たちがどうして行くかやね、そこらへんを。我々の考えることって言うのはこの前も別の人と対談してるときに出てきたけど、どう教育するかしかないのよ。教育の仕方が難しい。臨床の教え方が難しいよね。
西川　どちらかといえばＣＢＴは教育というところにかなり重きを置いているものなんですけど。森先生の成り立ちって言うのはその教育の賜物なんだってことなんですかね。あの、その教育によって森先生が築かれたって話なら、何某かの教育によってそのようになり得るでしょうけど、天賦の才能やとか、元からそうだったって言うたらそれは教育じゃないっていう。

森　私？　私の場合は人から教えてもらうって言う意味で教育って言葉を使うならば、私は誰からの教育も受けてないよね。心理臨床に関しては。私には師匠はいない。誰にもついてない。

西川　エリクソンとか。

森　まあ、まあね。エリクソンは死んでるけど。なので、好き勝手やってて。ただ自分をトレーニングするのは凄い好きやから、自分で自分を教育しているってそれも含めて教育って言うならもちろん教育で作られた。私は天賦の才はない方やから、どっちかっていうと。そういう意味で言うと、トレーニングでできてるよ、全部。だから、喋り方の間合いとか、コミュニケーションの仕方とか、私の場合は基本的に全部演劇から自分で作ってきたものだと思ってるんで。その中でトレーニングしてきたからさ。声の出し方ももちろんそうや。毎日トレーニングしてるわけや。歩き方、走り方、跳び方、とにかく動きは一つ一つ毎日稽古してるので。複雑な動きももちろん稽古はするけど、一番稽古に時間かけるのは単純な動きやね。歩くとか、倒れるとか。座る、立つ、とか。凄い単純な動きを一つの役で、一回の公演の中で役者って一体何回立ったりしゃがんだり座ったりするか、数えてみるのも面白いと思うけど。たぶん、シーンによって全部違うんよ。立ち方も座り方も、一回一回ね。シーンが違うから。それは一回立つときはこうやって立ちます、座るときはこうやって座ります、声出すときはこういう風に発声を行いますっていう、そういう稽古の仕方をしてたらそれなりの芝居のしかできへんよね。

西川　そうですね。だから、立つということはなんだろうかみたいなことを考えて立ったり、いや、そうじゃないかもなと考えて立ったりとか、そういうのが好きじゃないと難しいっていう話ですかね。

森　そうそう。そういうのを毎回研究するわけやね。研究して、もちろん自分でええと思うものをやるわけやけど、芝居の場合は自分で何やってるか自分でわかれへんのよ。

西川　そんなものなんですか？　あとでビデオに撮らなとかですか。
森　ビデオに映ってる演劇公演なんてナマモノとは全然違うから。何の参考にもならない。舞台で演じてるとき俳優自身は自分で何やってるかモニターできない。結局そこにあるのは稽古の場だったら演出家、あるいは他の役者が見てるわけ。本番やったらそれが客になるわけや。そっからそのフィードバックをどれだけきちっと集められて、そして次の講演に活かせるかその繰り返しやから。とにかく自分一人だけで考えて何かをやってたってそれが良いかどうかわからないというのが演劇。絵やったら描いた絵って自分も見れるやん。小説やったら、モノがあるやん。音楽やったらまだしも録音はそれなりに機能するやろ。だけど芝居って言うのはそういうものがない芸術活動なんや。演じてた自分のやってることモニターできない。
西川　まあ、よって、外からのフィードバックを得て、それを自分の修正に用いるしかないということですね。
森　それしかない。あるいはやりつつ、ぱっと人々の目を見てそこに自分の姿を映し出さなあかん。瞬間瞬間でずーっと。そうやって修正かけていくんだったら修正かけていく。
西川　カウンセリングで言えば、こっちが言ったことを患者さんがどういう風に受け止めはったかとか、患者さんがどう言ってはったかとか、それに合わせてうまいことやりなさいっていうしかないけど、もう他に教育とかあるかって話で。
森　そうそうそうそう。
西川　患者さんの言うてはること聞いてうまいこと言うたらええやんかっていう話に尽きるんですけどね。
森　だからそれと芝居と全く同じ話やねん。だから私は心理療法やる中で素材として元にしてるのは、だから演劇なんやね。他のものは知識としてはいろいろ勉強してるけど。
西川　演劇と言うより自分のふるまいなり行動なり声なりなんなりを目の前の人何かのリアクションによって

適宜修正していくという習慣がカウンセリングに応用されているということですね。

森　その感覚を持ててる心理療法家ってそんな数いないと思うんや。

黒沢　それ以外に何するんですか？

森　ねえ。

西川　うん。

森　みんなもっとメソッドでやってるんやと思う。

黒沢　メソッドでやってる……。

西川　いや認知行動療法とかも仰山メソッドなんかあるんでね。全く何にも訳わからんことしてる人っていないですからね。認知療法このこれをやってみましたってとかね、なんかようわからんことしはるっていう人はやっぱ多いですけどね。

黒沢　え……。いま言ったようなことをやってる人が少ないの？

森　少ないと思うよ。

黒沢　それやらないでどうやってやるの？

森　ね。だから我々からするとそうなるんやけどさ。

黒沢　森先生はそれを演劇で鍛えたって言うけど、それできる人がみんな演劇で鍛えたわけじゃないし。森先生のようなタイプの方には演劇は凄くフィットしたと思うんですけど、みんなそういうことを鍛えてきてる人たち。それぞれ。

西川　アメフトでそれを鍛えた人とか。

黒沢　いるかもしれない。そういうことでしか良いメソッドというのか関わりに活かされないというのはなんで気付かないんだろう。そうじゃなくてどうやってやるの？　あるいはやれる人はどうやって鍛えたのかね？

森　昔は、そこが大事だって教えられたね。ま、それ以外に教えることないから……。

黒沢　私は何もメソッドを教わらなかった……。

森　今は、だからそこが大変なんや。教えることがあるやん。そうすると、教えられてるそこの部分が大事やって当然受け取るやん。

西川　教えてる森先生がそれ大事と思ってなくても、これ教えやすいしとりあえず教えてるっていうことなんですよね。

森　そうそうそう。

西川　その辺は、まあええかっていう感じなんですかね。言うたら、これは大事じゃないんだけどこれが大事かのように説明するのって。たまに研修の仕事が入ってきてやるんけどまあこんなこと別にせんでもええけどって思いながら喋ってると、なんともいたたまれんですけど、相手に合わせてうまいことやったらええやんかと言うわけにもいかないし。教えたりしやすいところとか、教科書にしやすいところとかと全くそういうのに向いてない部分とかあって。九十九パーセント向いてない部分が占めてはるような世界なんかなあと言うような気もしますけどね。

森　そうやね。

教えられて、うまくなるものか？

西川　さらなる成長と発展に……。さらなるってほどでもないですけど、どうすればうまくなるのかっていうのは教えてもらえたらなと。
森　何？　どっか鍛えたい部分があるの？
西川　そうですね……。私は身体を全く見れないですよね。身体というモノを見る術を持ってないんですよ。声色だけしか聞いてないですね。
森　そうかそうか……。じゃあ、とりあえず動作法でもやるか。
西川　動作法？
黒沢　そう行きます？　そこ行きます？
一同　（笑）
西川　吉川吉美先生にでも弟子入りしますか。
森　かなり異端を学ぶことになるけどね。
西川　ああ。
黒沢　催眠とかは？　経験されたんですか？
西川　催眠。なんか、ちょっと面白がってやってみましたけどね。
黒沢　あれ結構いろんな身体を見ますよね。
西川　僕は声でしか見ない。

黒沢　ああー……。声だけでもかかっちゃうっていうか入るんだ。その人は自己トランスへ行くからね。

西川　催眠もよくわかってないんですよね。催眠と催眠じゃない状態の境目ってそんなに綺麗でないような、ごちゃごちゃ症状について訴えてはるときってそれはもうトランス入ってはるみたいなもんやから、入れるっていうか、もう入ってはるんで、それを使うっていうことはあっても「入れるぞ！」みたいに思ってやることはない感じですね。入ってたんで使いましたー的な。

森　やっぱ動作法やな。動作法を少しかじっといたら身体を見る、あるいは触る基礎の部分はできると思う。それを使って華々しく展開していくっていうところまでできるようになるかどうかは知らんけど、こう見たらええんやなとか、ここをちょっといじるとこんなことが起こるんやとか、そこくらいまでは十分学べるんや。誰についても学べるかな。だから、一応大きなところに入っておいた方がいろんなのがいるやろ。

西川　なるほど。そうですね。心理療法も身体系ってあるじゃないですか。フォーカシングとか、マインドフルネスとかも身体系かな。なんかいろいろあるんですけど、縁が無いんですよね。

——それは興味が無いからですか？

西川　まあ、それこそ、ナシで今までやれてきてるからサボってるっていう話かもしれないですね。

黒沢　でもやれてるんですもんね。一定の結果がちゃんと出てるんですものね。

西川　まあ、なんとかかんとか。困ったこともそんなにないかもしれないですね。クライエントさんは困ってはりますけど、僕が困るわけじゃないですからね、言うてもね。困ってはるなあとは思いますけど。

黒沢　でも、いま質問が出たんだからもっと身体が見れたら違うのかなということがあるんですか。

森　まあ便利よ。身体使えるようになると。より早くなる。やっぱり身体から入った方が早く処理できる。身体の訴えは身体からやった方がそれは絶対に早いので、それを言語媒体に一旦変換して、言語の世界でそこでいじって、それでまたそれを身体に戻すっていうそのステップを踏むよりは、身体に対しては身体に対応した方が絶対時間的には早い。圧倒的に早い。

西川　疼痛とか、頻尿とかあの辺の訴えとかはあって、やるはやってるんですけどね。これもまた子どもと一緒で、「こっちが想定した通りの解決法じゃない方法で解決していく感じですね。「え？　そこで痛み無くなるんや」みたいなね。あとは教育ですかね。僕も中堅て言われましたけど、なかなか若手のつもりが教えろ的な風なこともあって。

森　難しいよね。でもまあ、西川君の場合やとたとえば大学とか機関をしょってるわけやないから、教えるにしたって好き勝手できるからね。まあ、楽やね。大学勤めの先生は大変やね。特にブリーフなんかやってるとね。

一同　（笑）

西川　なんか、本書いたりとか文章書いたりとか、何を書きたいと言われても何が書きたいかな……みたいな。あんまりないような……。ネタがあってこれについて書いてくれって言われたら書けますけどね。真に自分が心理療法の業界に伝えたいことはこれなんだみたいなことはないなあ。そういうのはみんなあるもんなんですか。本書いておられるお二方はあるのかなって。

森　心理療法に関する本書いてるときは伝えたいものはある。芝居やってる時はなかったけどね。

西川　なかったんですか。

森　ないない。それはあるけどね。だから教育は難しい。やんの嫌やわ。役者の教育もめっちゃ難しいし、一応リクルートするわけやん。新しい人をどんどん。これが難しいね。だから人事の人があれだけ苦しんでるのはたぶんこういうことなんやろうと。本当に当たらんよな。こいつ見込みあるかわからんけどしゃあないから取るって場合もあるし、人数あわせにね。そうじゃなくて、こいつは見込みありそうやっていう風に思って取る。じゃあそいつが活躍するようになるかってそうとは限らんし、端から「まあこいつはあ……」みたいな、とりあえず買っとこかみたいな感じで置いといた奴がとんでもないことやり始めることあるからね。

西川　ああ、化けたという。

森　うん。そこはどうやって見極めるかっていうのは、十年ではできるようにはならなかったね。たぶん心理療法家の養成って言ったときも似たようなものがあるような気がする。

西川　まあね。競走馬だってあんだけ血統をコントロールしても走るか走らないか全くわからないんやから。だから、ましてや……難しいですよね。

森　だから、心理療法家に最低限必要な能力とはなんぞや、というのも答えは出てないし。

西川　だけど今の森先生のお話からすると、ひたすらフィードバックを得て自分を鍛えるのが好きな人、みたいなそんな人が……そこに喜びを見いだせる人みたいな。

森　それは私のやり方や。私はそうやってましたよ、一番役に立ちましたよって。でも森以外の人間に今の話が通用するのかって言ったらそこはわからん。

西川　ほうほう。

森　西川君はもうちょい、……西川君はトレーニング好き？

西川　トレーニング嫌いじゃないですけどね。そうですね……。トレーニング……なんかなあ。なんやろなあ。医学なんかは、精神医学とか薬理学とかあの辺はまあしゃあないんで勉強しましたけどね。それこそ、体験としてほぼ得られるモノは簡単ですけど。でも何かの技法について、ずーっと動作法とかをワークショップに出て学び続けるとかはないですね。ＫＩＤＳの研修生になって学び続けるとか、そういう体験はないですね。した方が良いんですかね、やっぱね。

黒沢　いらん（笑）。

西川　なんでそんないらんて。

森　得意領域がどのくらいあるかによるんやと思う。トレーニングを必要とする領域を自分がどれだけ抱えているかっていうことやと思う。私の場合はたくさんあったから。だから、トレーニングの量、範囲がいつぞや増えて多くなったって言う。できる部分のところをわざわざさらに伸ばそうみたいな、まあ良いけど、できるんやから。それをやりながらやってたって自分伸びるんで、わざわざトレーニングって称さなくたってさ。

西川　苦手な分野か……。

森　だから、身体がちょい苦手って言うんやったらそこはちょいトレーニングした方が良いよね。

西川　そうですね。たぶんそれこそ本当に子どもがよくなる時に、ようわからんで良くなってるのがようわかるようになって良くなるようになれば、他の子ももっと早くできるようになる感じしますね。子どもも身体の訴え多いですから。

森　うん。だから、そういうことやからね。教育の話に戻るとすると、足らんモノをいっぱい抱えてる生徒さんが入ってきたとするやん。

西川　はい。

森　当然、こっちが提供しなきゃいかんトレーニング量が増えるやん。で、それをやったからって言ってそいつが一人前まで行くのかどうか、そこはわからん。まあ頑張ったけどあかんかったね、要するにちょっと向いてないって言うことでしょうか、っていう話にで終わることもままあるやろうし。でも一生懸命取り組んで、そこを乗り越える奴もいるよね。

西川　うん。

森　じゃあどいつが乗り越えてどいつができへんとかそこを見立てることは非常に難しいし。逆にあんまり不得意、苦手なモノがない人。たとえば黒沢幸子のようにさ。

西川　おお。万能型。

黒沢　ダメじゃん。器用貧乏じゃん。

森　その場合は、だから教える部分、トレーニングを課さなければいけない部分が少なくなるよね。ということは、放っとくって話になるわけ。

西川　なるほど。

黒沢　ほ、放っとかれてる……。

森　で、放っといたときにね、放っといてもちゃんと伸びてく奴はいるし、放っといたら放っといたままの終わりで、最初は上手やったんよ。でも最初の状態から全然伸びない。放ったらかしにしとくと。かといってなんか課題とか出したって適当にはこなしてくるんよ。

西川　ああ、なるほど。

森　うん。

西川　だから、自分が苦労したとか、ちょっと頑張ってここをトレーニングで身につけたなとか、そういうのは教えようあるんですけど。私はペーシングとかあんなんはもう教えようがないと言うか。私にはできんということの意味がわからへんみたいな話なんで、ちょっとアレやなって言う……。

森　そうそう、そうやね。だからもう黒沢幸子はほとんど人のことを教えることができない。

一同　（笑）

西川　大変ですね。万能型故の悩みって言うのも……。

黒沢　でも、な、なんでそういう風にしないかがわからないっていう……。だから教えるって言うより、自分ならこうするけどね？っていう話になる。教えることできないかどうかは知らないけど、見て適当に盗んでっていう感じではありますけど。大体、私がトレーニング嫌いなんです。

西川　あ、そうなんですか？

黒沢　トレーニングするとダメになるの。

西川　する方？　受ける方？

黒沢　トレーニングを自分が受けるとき。自分があんまりトレーニングを受けるのって苦手なんですよ。枠にはめられるって言うか。何にもしないで、ほわっとしてたい。

西川　ほわっと。

黒沢　それが一番目の前のクライエントさんと良い感じで向き合えるんですけど。私はなんか新しいものを学んだ後の面接って凄い嫌なんです、自分で。どっか残ってるから。あのやり方だったらここでこうするんだよなーとか。

西川　凄いちゃんと読まはるからかもしれんですね。

黒沢　うん。こう、頭に残ってると、実際はやらないんですけど、それがどっかで回ってるから邪魔なんです。その通りにはしないんですよ。しないんだけど、なんとなく考えちゃうっていうか。ああ、こういうときアレやったらこう言うんだなとか。それが邪魔。

西川　でも邪魔どころか、それを頼りにしてはる人もいると思いますけどね。
黒沢　うん。で、そういうの何にもなくて、予約も何にもなく突然来て、なんやこの、なんていうんでしょう、結構めんどくさいって言うか、いろいろあるようなケースが。予約制なのに突然来て、ど、ど、どうしようかね、みたいなね。まあ一回分の面接時間はあるわね、って言う感じでびっくりして前情報も何にもなくて面接をするみたいなのが一番うまくいく。

理屈なく、情報なく

西川　なるほど、理屈なく、情報なく。
黒沢　たとえばね、大量服薬の、カップルで事故起こして両方発達障害だって言って突然某病院から送られてきたりすることがある。え、ウチ予約制ですけど……みたいな。それもカップルですかみたいな。そういう感じの方が、えいやって。
西川　そのクライエントさん目の前にして、こちら側が空っぽであればあるほど拾いやすいようなところはありますよね。
黒沢　そうそうそう。私はそう。
西川　私は、空っぽじゃなくていい加減なんやけども、前回話したことを意外と覚えてなかったりするような、下手したら名前も覚えてないんですけど。なんかこう、毎回初回面接だって言う意気込みで臨むと良いんだよとか適当なこと言ってるんですけど。
黒沢　実はね。覚えてないからね。

西川　だからちょっと様子見て。五分くらい。ああ、そう……、でしたよねーとか言って必死でたぐってるときありますけどね。そうかと思えばしょうもないこと覚えてたりとかもあるんですけど。
黒沢　空っぽの方がやりやすいとか言うのがあるんですか？
西川　や、空っぽの方がやりやすいですよね。そらね。
黒沢　でも、それはある程度こなれてるからかしらね。
西川　そうかもしれないですね。だから、ＣＢＴでやる手順みたいなのは、もう特にこう、車のエンジン止めてパーキングいれてどうこうしてって言うのが自動でできるようになってるのかもしれないですけどね。
黒沢　意識しなくても。
西川　こないだも陪席ワークショップっていうのしたんですよ。まあ要するに受講者は隣のモニタールームで見てるだけなんですけど。明らかにソリューションフォーカスの方が説明しやすいなみたいなことを無理矢理ＣＢＴで説明して。
一同　（笑）
黒沢　私なんとなく技法の本とか……。これあんまりアレですけど、ソリューションですら一〇ページ以上本を読んだことないんですよ。すいません……って感じです。
西川　でも書くわけじゃないですか。
黒沢　あれは事例があるから書ける。自分から抽象的なこと書けない。事例を通して書いてるから。
西川　なるほどね。私も研修会もほとんど事例の話ばっかりしますからね。
黒沢　うん。私、まとまってる本って全部事例の連載とかがまとまってる物ばっかりです。切り口はちょっと違うけど。そうじゃなければ、はいワークシートでー！　遊びー！　みたいな。こんなんしてみたら面白いよ、みたいな。挿絵描いて。……私からどうして理屈が出ないんだろうね。

森　それは、そこの能が無いからや。

黒沢　あっスイマセン。……だっていらないんだもん。

西川　でも理屈っていうのも難しいですね。黒沢　理屈は難しい。というか、理屈なくても臨床はできるのね。

理屈があった方が臨床がうまくいく人もいるだろうけど。

森　私だって理屈はなくてもうまくできるよ。ただ理屈があると説明しやすくなるよね、人々に。

黒沢　人々に。自分が何やってるかって言うことを納得しやすくすることはできるよね。

森　そうそう。それはクライエントも含めてやけどね。理屈があると説明しやすくなる。

黒沢　クライエントに説明できるレベルくらいの断片的な理屈は持ってるよ。

西川　まあ断片的な理屈じゃない首尾一貫した理屈とか見たことないですけどね、心理学の本で。

黒沢　うん。だってどうとでも言えるじゃない。だって、愛着だって発達心理だって、なんでも理屈は適当に使えるようにするけど。

西川　たとえばあるケースで行動療法の強化理論みたいなのを持ってきて、うまいこと行くと、患者さんにはうまいこと行った、この理論は正しいっていうことで残るし、そうじゃなかったのは消えていく。だから、結局、理屈はいらんて言う話ですよね。行動療法は理屈がないですからね。強化されただけっていう。

黒沢　わかりやすいね。

西川　そういう意味ではそうですね。

黒沢　じゃあ、私はきっと強化されたものだけが残ってるのかな。

西川　そうかもしれないですね。

黒沢　こうやればいいんだみたいな。

西川　でもそれが成立しない時があるんですよね。それはルール支配って言うんですけど。頭の中のルールに反応してるっていうだけの時は、目の前の人に全然反応してないから強化されないってなるんですよ。ラットの研究で。だからルールや理屈がないと始められないってことはないけども、こんだけあったら、利用したほうがいい。まあ、何かが入って来ざるを得ないっていう状態でスタートして、かつそれをポイ捨てして目の前の人のことに、どうフィードバックで上手に構築していくかということができればうまくなるのではないだろうかと思いながら。でも、拾える信号と拾えん信号とあって、僕は身体からの信号は拾えへん。拾ってないなあ。

森　身体もトレーニングすれば、拾えるようになります。

タイムマシンに乗って

黒沢　先生は今、三十八歳？

西川　三十八です。

黒沢　じゃあ五十半ばくらいになった時にはどんな風にしてたら良いと思われる、どんな風になってそうですか。

西川　……何してるでしょうねえ。全国各地にＣＢＴセンターがばんばん出てくるとか、……そんなことも思ってないですけどね。ただ、勝手に散らばって行かはる可能性あるんですけどね。いま勤めている人が結婚してどっか行くとかね。

黒沢　種がまかれていく感じですか？

西川　近江商人風に言えばそうですね。
黒沢　ああー、そっか。
西川　そこで、ここが鵜飼の人みたいなね。不労収入がこう。
――　暖簾代？
黒沢　そういう制度なんですか。
西川　そう。フランチャイズで。
黒沢　フランチャイズ（笑）。
西川　冗談で言ったりしますけど、自分自身がどうなってるかはわからないですね。どうなってるんでしょうか。うまくなってるのかなってのが最近ちょっと怪しいんですよねー。去年より今年の方がうまいなと思いながら来てた時期があったんですけど、最近、これ腕上がってんのかなと思ったり。ただ、教えたり理屈を言うのはうまくなってる。でも臨床の腕が上がってるかって言うとちょっと微妙やなみたいな感じで、手を変え品を変えやってるけど。だから四十代半ばくらいで、これで鍛えていくと自分はもうちょっとうまくなれるなって言う方法を発見し、五十にはうまくなってる。これが理想。
黒沢・森　素敵やん（笑）。
西川　そもそもＣＢＴセンター自体が僕を鍛えるための装置でしかないのでね。
黒沢　先生が上手なったなーって感じられるのはどういうところから感じられるんですか？
西川　前やったらこの人は中断してたな、という人が続いたり、治ったりとか。もうちょっと回数がかかってる感じの人が早よ良くなったりとか。早よなりますね。
黒沢　うんうん。

西川　まあ、飽きっぽくなるのかもしれませんけどね。この展開いらんと思ったときにざっくり変えちゃうみたいな。あとはアネクドートで、妖怪とか、『進撃の巨人』の話をするとかね。

黒沢　森さんどうですか。

森　私の場合はだってほら、西表島よ。

西川　西表島？　西表島ってなんですか。

森　私は運動やって会食恐怖が治ったから。

西川　会食恐怖やったんですか。

森　うん。大学一年までね。

黒沢　ああ、そうやそうや。

森　だから、なんちゃら恐怖系のクライエントさんには、大抵その話をするかな。特にその食事が絡んで来たら絶対。鉄板ネタや。

西川　なるほど。そうか、私、あんまり恐怖を感じたことがないかもしれないですね。だから、ちょっと恐怖系のクライエントに共感ないです。反対に、面白がっていじるから。曝露しやすいかもしれないですね。曝露しにくい人ってそんなに怖いのに嫌やんねってことに共感しすぎると曝露しにくいんで。

黒沢　ああ、わかるわかる。

西川　饅頭くらいっすよ、怖いのはとかね。それは鉄板ネタ。

一同　（笑）

森　まあ、まだ若いからネタは増やす方向を優先させた方がええと思うけど、そのうちよく使うネタが放っといたってたくさん出てくる。

西川　タイムマシンも使ったことあるんですよ。三回、四回くらい。巻き戻さなきゃならなかったとか、早送りせなしゃあないなという時に。あるケースは、夫婦で来てずっと夫婦喧嘩をしてるみたいな感じで、売り言葉に買い言葉で争ってはる。確か、その時は時を進めたんやったっけかな。で、嫁さんの方が癌で余命三カ月みたいな感じの設定にして、ベッドサイドでなんて言葉をかけますかって言ったとき、ようやく旦那さんから優しい言葉が出た。それが欲しがってたものでしたみたいな感じで、あとはやっといてって言って、ぱっとこっち向いて放って仕事してた。あとは勝手にクライエント夫婦の関係性がよくなるだけですよね。だからと言ってタイムマシンを使い続けて行こうって気は起こらないですが。

森　おもろいねえ。

西川追記

西川　そーいやお約束の、ではないんですが、もし森先生がタイムマシンに乗って一〇年後に行ったとしたら、何をしてはると思います？

森　一〇年後。……そーやなー。セラピストたちにセラピーというものを教えるための塾というか、道場みたいなことをやってるやろうなあ。

西川　今もまあ、やってはるっちゃやってはるじゃないですか、それ。

森　もうちょっとこじんまりとというか、深くセラピーの本質に迫るような話をしていけたらと思うんや。

西川　セラピーの本質……面白いってだけじゃダメなんですね。

森　それは大事なことやけど、それだけじゃないしな。

西川　じゃあ、まあ、それは次回までの宿題とさせてください。

森　おう。まあ、あとはもう、若いもんで頑張ってくださいな。
西川　ご期待に添えるかはわかりませんが、まあちょっとやってみます。

録音が止まった後の会話です。

その言葉を交わした後に、ほどなく森先生はお亡くなりになりました。

遠方で、葬儀などに出席できなかったこともあり、ご自宅に御弔問させて頂いた際、ブリーフにお参りできるように、勢い余ってうぇぶつだんを作りました。

たまにお参りしてます。良かったら皆さんもどうぞ。（西川）

森先生のうぇぶつだん
http://cbtcenter.jp/webtsuzen/moritoshio.php

西川公平（にしかわ・こうへい）　ＣＢＴセンター所長。認知行動療法を中心とした施設カウンセリングルームを経営している。『認知行動療法とブリーフセラピーの接点』（共著、日本評論社）においても、ブリーフセラピストとの対談をするなどしている。森先生とは友達。

黒沢（左）・森の愛犬・西川（真ん中）・森（右）　2015/2/3

第5章　ページング

田中ひな子×森　俊夫×黒沢幸子

ブリーフのはじめ

森　田中先生とは、長い付き合いだからね。
田中　そうですね。
森　私、当時まだ院生だったよね。もう助手になってた？
田中　たぶん。最初にお会いしたのは私が二十七歳の時で、先生にお会いしたことが、私のブリーフセラピーとの出会いそのものです。
森　まだ院生じゃないかな。三村旬さんとかあのへんをオルグって勉強会とか始めたわけでしょう。
田中　それがきっかけです。当時私は教育相談室に勤めていて、三村さんから職場でオルグられた。「ねぇ森さんという人にこの紙もらったんだけれど」って渡されたのが日本ブリーフサイコセラピー学会の第一回安曇野大会で、側にいた依田由美さんが、「わ〜っ、私、行こう」って言った。教育相談室の三人しかいない心理職の二人が行くのに行かないわけにはいかないということに。ほんと出会いですね。運の尽き……ではなくって。そして先生がブリーフ学会の第二回東京大会に備えて定期的に開いてくださった勉強会に参加することになったんです。

森　学会が始まっているから、じゃあ助手になっていたんだんな。

黒沢　何年くらいですか？

森　一九八八年ぐらいかな。それが一番最初の勉強会。あまり長続きもせず、もっと賑やかな元気な人たちを集めて勉強会を始めたのが、田中先生たちとのグループ。

田中　そうなんですか。

森　その頃からだからすごく古い。だから田中先生から見た私の変遷ってよくわかるんじゃないかな。

田中　そうです、と言ったら偉そうですが、その研究会はブリーフセラピーを広めるためのもので、ミルトン・エリクソンの話を毎回聞かせていただいてワクワクしていました。

森　昔はどんなで、それがどんなふうに丸くなってきたかということを。

黒沢　丸いかどうかはわからないよね。

森　なんか紹介していただけると嬉しいかな。黒沢先生よりも私のことは昔からずっと知っているから。

田中　そのとき、森先生はとにかくエリクソンのことを語っておられました。毎回、今までと違うことが始まるというワクワク感というのがありました。安曇野大会で白木孝二先生のワークショップに出て、それがソリューションとの出会いだったんですね。森先生にチラシをもらった三村さんと話しているとき、その紙を覗きこんだ依田さんが、「白木さんって面白い人なのよ」って言ったから。私は森先生からずっと、ブリーフをやるならばエリクソン勉強しないといけないということだったので、最近はさぼっていますが、あの頃はワクワクして参加してましたよね。どんどん本が出るから、出たーっ！「読んだ？」みたいな感じの本当にワクワク感がありました。ほんとに楽しかったです。エリクソンの本を読んで、エリクソンの弟子やエリクソン・クラブやブリーフ学会、オハンロンとかジェフリ・K・ザイクとか、アーネスト・L・ロッシ（編集者注＝ミルトン・エリクソンの弟子で著名な催眠療法家）、彼らのワークショップに出ないとブリーフセラピーやっているって言っちゃいけないんだくらいに思って、とにかくそれをやらねばならないというふうに植えつけられたのは、やはり先生の影響です。

黒沢　インプリンティング（笑）。

田中　ほんとそうです。大学院出て、就職した年にブリーフの学会、先生にお会いしたわけだから、インプリントって言っていいと思いますね。解決志向アプローチはブリーフセラピーだからミルトン・エリクソンも勉強しないといけないってちゃんと勉強していました。でもある時から森先生が解決志向アプローチということをおっしゃり始めた。それで、えっ先生って思ったんです。このへんは語弊があってはいけないと思うんですが、ミルトン・エリクソンが本質で、解決志向アプローチは亜流とまではいかないけれども、森先生はああいうのはちょっとなんというのかな～、お手軽だという目線でみてらしたんじゃないかと思うんですよ。それなのにエキスパートシステムのプリントを森先生が配布した。私の勘違いかもしれないけれど矢印で表したのなんかもあって。

森　チャートね。

田中　そう、チャート。

森　ああいうの作るの好きなんだよ。

田中　そうなんだ。本当はそうだったんですね。

森　すごい好きなの。

田中　どこからかそういう情報を聞いて、え～、森先生はエリクソンのはずだったのにと感じたときがありますね。

黒沢　そうですね、九八年からですけれどＫＩＤＳでは研修するときには完全に解決志向の話をしていましたので。

田中　えっ～。

黒沢　今見たら、安曇の大会が一九九一年。もうちょっと前かと思ったら、そんな感じなんです。三十代半ばくらいですね。

森　三十三歳。

黒沢　三十三歳から森先生、助教になっているから。

田中　先生に出会いの機会を作っていただいたのは神田橋先生（編集部注＝條治。国内有数の精神科医の一人）。よくお話に出ていたので本を読んだり、セミナーにも行ったりしてました。

森　神田橋先生は何に出てたの？　花クリニックの研修会？

田中　それにも、ちょっと行きましたね。

森　どうでした？　私、行ったことないんです。

田中　そうですか。いや面白かったですよ。皆の前で神田橋先生がしゃべっていくんです。こういう言い方するのは失礼かもしれないけれど、その場でチャチャッて調理する中華料理のシェフみたいな印象。すごくその場で起こっているという感じ。そこで何かが起こるというのを体験できたような気がします。ですから森先生がミルトン・エリクソンから読みやすい、わかりやすい解決志向の森先生になったのは二〇〇〇年くらいですかね。
森　それが中心だよね。学校の先生に「戦略」を教えてもしょうがないものね。最初はずっとエリクソンを教えていたんだけれど。学校の先生には解決志向でしょう。
田中　ええ、そうでした？
森　エリクソンはウケもするし、みんな大変喜んでいただけるんだけれど、その場限りなんだよね。その場で盛り上がって楽しかったね〜って言って、すごいねって。
黒沢　こんなやり方もあるんだって。
森　以上……なんだよ。翌日からの臨床に生かせる人がいない。そういう感覚が非常に強かったんだね。それは教育研修としてどうなんだろうと思って、ソリューションをやったときはウケるし、なんかすごい皆学ぶんだよね。そして使えるんだよね。次の回で会ったとき、先生うまくいきましたよって、いいですね、あのやり方って、多くの人からフィードバックが返ってくる。エリクソンの話をやってそんなフィードバックが返ってくることないんだけれどさ。だから教えるときは、ソリューション・フォーカスト・アプローチを教えるという感じでやってきた。
田中　実際、先生ご自身の臨床の場面ではどうなんですか。
森　意識してない。最近はソリューションもあるかもしれないけれど、昔ははっきり言って嫌いだったから。
田中　そうそう、そんな感じ。バカにされている感じしましたね（笑）。やっぱりあのマニュアルとなっている部分でしょうか。
森　そう、マニュアル的な、かな。だって、テーラリングで一人ひとりに対して対応を変えないと叩きこまれている私からしたら、みんな一律的なことをやればいい的なことを言われたら、エリクソニアンとしては嫌だというのあるよね。

田中　そうですよね（笑）。

森　実際、教えてみて、それでやっていいというんだからいいんだろうと。ちゅうことで、そのあと、テーラリングの部分は趣味でやりましょうみたいな、スティーブ・ドゥ・シェイザーが言っているようにエキスパートシステムが基礎だという、ここはソリューションをそういうふうにとらえればね、それはそれで一つ確かにありだなと思った。私の専門はコミュニティ・メンタルヘルスなので。コミュニティ・メンタルヘルスの担い手は素人だからね。

田中　そういう背景があったんですね。

森　そうそう、そうそう。専門家がコミュニティ・メンタルヘルスをやれないわけじゃないけれど、人数が足りないんだよ。なのでコミュニティ・メンタルヘルスをやるには、一般ピープルが担わないと動かない。そうしたときにちょこちょこっと勉強して、すぐに使えるモデルでないとコミュニティ・メンタルヘルスには使えないわけね。それが本来の私の仕事なので。

田中　これまであまりそういう側面からお話を聞く機会がなかったので。コミュニティ・メンタルヘルスの問題意識からなんですね。

森　だから教えるときは難しい話は全部やめて、ソリューション一本かな。後で趣味で心理療法やりたいという人だけ、コソコソと教えてあげるみたいな雰囲気かな。

黒沢　コソコソとエリクソンを教える？

森　エリクソンだけじゃないけれどね。そんな感じでずっとやってきたという感じかな。

田中　コソコソっていうのはＫＩＤＳで？

黒沢　大学でも。

森　どこでも、まあコソコソと。

田中　それはコソコソしないと差しさわりがあるんですか。おおっぴらではなく、コソコソとやる必要があった？　コソコソって、どんな風にやるのですか？

森　そんなこと大事なことではないという雰囲気でしょう。こういうこともあるよね、こんなやり方もあるし、こんな考え方もあるしっていうふうに。

田中　そういうふうに。

森　そういうスタイルで伝える。これこそが心理療法の王道である的な上段からかぶりものをかぶったような言い方は絶対しない。これは絶対こうなんだというときはソリューションの話。それは間違いはないと私は思っているから。趣味の話ではなくて、それは本当に心理療法のルールだと思う。

黒沢　でも今はそこまで……。でもそうだと思うんだけれどね。

田中　中心哲学としてこれ以外の方法ってあるんですかっていう感じですけれどね。

森　田中先生はなんでソリューションやっているの。

田中　たくさん答えがあるので何を言えばいいか……。一番はワークショップに行ったときに、「これならできるかもしれない」と思ったということですね。私は社会学出身なので、心理の知識がないことをすごく負い目に感じていたんです。でも「クライエントこそが専門家でセラピストはインタビュアーである」というソリューションの考え方を聞いて、「インタビューなら社会学でしたことある」って、なんかこうその気になっちゃったんですね。教育相談なので保護者の方から、「先生どうしたらいいんでしょうか？」と問われても若くて経験がないので「こんな私がカウンセリングしていいのかしら」と不安を覚えました。だから、正しい知識に基づいてクライエントを導くのではなく、インタビューしていくことならできるかもしれないという安心感がありました。あと格好つければ、「現実は構成されていくものだ」と考える現象学などもかじっていたので、これは社会学理論からみても正しいと。先ほど先生のお話にもありましたが、これは間違っていない、ルールだと確信しましたね。また、実存心理学を学んでいたので、実存心理学は正しいと思うけれど、具体的な方法があまりないんです。こうありたいと思ってもどうしていいかわからない。そういうときにもソリューションの技法は、実存心理学の具体的にはフランクルとか、そうした方々の考え方と合っていると。一方でミルトン・エリクソンを先生に教わったわけですが、これは勉強のエネルギーになりましたね。それを聞くことでこういうふうに変化が起こるし、患者さんにこれだけの可能性があるんだという、話すことでこんなことができるんだという驚き。また先生の語りが、演技もなさっていたから上手いわけですよ。私は素直に感動して聞いていました。そして私も多少演劇もかじっていたので、先生がずっと演劇されているというのも、そこで最初から親近感っていったら図々しいんですが、演劇する人もセラピーをやるんだ！と（笑）。

舞台にあがること

森　どこでやっていたの。

田中　やっていたというほどではないですが、如月小春さん（編集部注＝劇作家・演出家。一九八〇年代小劇場ブームの牽引役の一人）がやっていた劇団綺畸というのがあって。

森　あなたも綺麗だったの？

田中　他にもいますか。でも私はほんと手伝いみたいなの。やっていたというのはおこがましく、まあたむろしていた感じです。演劇の話を聞いていいんですか。前にもちょっとお伺いしましたが、まず音楽があってそこから物語をつくっていくって。

森　芝居のつくり方ね。台本を書いているときは、常に音楽を流していて、そのときに使う音楽を流している。この場面はこれっていうのを流しながら、そこにセリフを乗せていく感じ。セリフが乗る。

田中　でもミュージカルではないですよね。音楽はあるけれど旋律に乗せるわけでもない。

森　旋律に乗せるわけではない。

田中　マッチさせる、フィットさせる。

森　そうそう、音楽とそのセリフがうまく合うようなセリフを書いていくんだよね。

田中　そのスタイルは最初からあったものなんですか。

森　そうね、最初からあるね。文学的才能ってやつが私はあまりない。だから文章を自分で構成するという能力はあまりないんですよ。高校時代、小説とかは一応チャレンジしたけれど、うまくできなかった。詩もあまりうまくできなかった。でも芝居のセリフは音楽に乗っていくと書ける。それよりももっと自分で書くよりも構成しちゃうの。いろんな有名な作品を合わせていってコラージュしちゃう。そして全く別の作品を創るという構成の芝居を中心につくっていた。私は十作くらい書いたかな。自分の中で一番の自信作って何かというと、『ろまん燈籠』という芝居。太宰の短編小説で、芝居好きな4人だったか、5人の家族が毎晩夜中に芝居していて、担当があるわけ。今日は誰っていうふうにがその日の芝居をつくるわけね。その次は、次の人が話の続きを書いて芝居の連作をつなげていくという太宰の短編があるのね。その構造を使って、そこに主に夏目漱石を入れ込んだのかな。一人ひとりのつくる作品に夏目漱石の例えば『こころ』とか、もう忘れちゃったけれど有名な作品がいっぱいあるじゃないですか。『吾輩は猫である』は使わなかったけれど。

田中　『草枕』とかそういうのですか。

森　それを構成していって、そして全く別の作品に仕上げたんだけれど、あれが一番いいできだと思うけれど。

田中　それはどういう音楽が最初にあったんですか。

森　それはけっこうシャンソンを使った。

田中　シャンソンもお聴きになるんですか。

森　お聴きになるわけではなくて、ネタだよ。芝居、作品をつくるためのネタとしての音楽を探してたという感じ。小さいときからクラシック音楽は聞いていたけれど、好きっていうわけではないし、学生時代バンド組んでフォークもやってたけど、それだってそんなに音楽自体好きっていうことでもないのよ。

田中　どういうことですか。音楽自体が好きじゃないのに、音楽をやるって。

森　小さいときからやらされていたから。

田中　そういう意味で。

森　やっていたわけ。私はあまり途中で投げ出すということないので、何かをやり始めたらけっこう自分が納得するまではやるのでね。

田中　音楽はピアノですか。

森　そう。ステージにのるのは好きだからね。

田中　ステージにのるのが好きなのは、いつぐらいからなんですか。

森　四歳から。

田中　それは何のステージ？

森　ピアノの発表会のステージ。衣装着て、お客さんの前でというのが大好き。

田中　その後、ステージはどう続いていくのですか。

森　ピアノは中学まで。高校からは誘われたのでバンドやって、当時はフォークブームだったのでフォークバンドみんなでつくっていた。

田中　オリジナル？

森　うちはかぐや姫がメインだった。

田中　「妹」とか？　私は小学校のとき聞いていた。

森　「神田川」とか。あとは拓郎とか陽水とか、ＮＳＰとか知ってる？

田中　名前は知っています。それからプログレにはどういくんですか？

森　プログレはまったく別なんだよ。あれは趣味。

田中　こういうのと自分の趣味があるわけですね。

森　そうそう。プログレは完全趣味です。プログレできるヤツなんていねえじゃん。

田中　そうですね。

森　今でもいろいろ聞いているけれど、音楽のジャンルで一番好きなの何かと言われたら答えは「イエス」（編集部注＝英国のプログレッシブ・ロックのバンド）。

田中　どういうところが？

森　すべて。

黒沢　もうちょっと言語化して。

森　すべてがすごい。構成もすごいし、とにかく全部だね。あとはピンクフロイドとか、クイーン。（編集部注＝どちらもロックバンド名。壮大な曲構成で森先生好み）

田中　クイーンは私も好きです。

森　クイーンまでいくと私的にはちょっとミーハーになってしまう。やっぱりイエスなんだよな。なかなかイエスが好きって言ってくれる人いないんだよな。

田中　そう？

森　みんな難しいっていう。

黒沢　難しく聞くからじゃない？

森　難しいのよ。ものすごい高度なことをやっているのよね。それが好きだったね。

田中　それから芝居にいくのですね。

森　大学入ってから劇団に入ったんだよね。

田中　どちらの劇団に入られたんですか。

森　劇団漠。

田中　そちらに進むという選択肢もあったんですか？

森　芝居ってこと？　それはない、そんな才能はない。そっちは野田さん（編集部注＝秀樹。著名な劇作家・演出家で東大在学中から劇団夢の遊民社を主宰した）に任せておくとして。

黒沢　あまりに芸風違うから、任せておくはないと思うけれど（笑）。

田中　森先生には森先生の他にできないやるべきことがあるから。

森　わざわざ芸風も変えるよね。遊民社があるんだから、同じような芝居していてもしょうがないんでね。漠は漠なりの演劇論というのがあるわけよ。

田中　演劇論が。

森　なんたらとは……というのが好きだからさ。

田中　それも聞いていいんでしょうか。漠のなんたら論を。

森　まず一番大事なものは演劇というのは俳優のものだということ。昔の新劇、あるいは旧劇、伝統的な芝居って、基本的に戯曲がメインなんだよね。

田中　ええ、そうですね。

森　戯曲があって、それを俳優がどう演じるか。ロシアの方の演劇とかチェーホフとかそうやん。スタニスラフスキー（編集部注＝俳優の教育法として名高い「スタニスラフスキー・システム」を作ったロシアの俳優・演出家）とか、例えば役になりきるとか、いわゆるカウンセリングの共感と同じやつだよね。

田中　ああ、ええ〜。

森　同じような感覚というものを俳優自身がもって演じるという方法が伝統的なやつだったんだけれど、我々がやっていたのは、小劇場運動から啓発を受けて、唐十郎や佐藤誠や別役実とか（編集部注＝三者とも劇作家・演出家として著名。野田らとは世代が一つ上）、いわゆる新劇に対抗する新しい劇のムーブメントというのがあって、そこの影響を受けているわけね。そこでは常にメインは俳優なんだよ。俳優がいて、そこにセリフがつくかもしれないし、つかないかもしれない。俳優を見せるために音楽も構成するし、もちろん照明もそう。すべてが俳優が中心なんだよね。そういう考え方が基本なんだよね。戯曲中心ではない。これだって、例えば今私がやっている心理療法とかなり重なっているんだよ。

田中　と言いますと。

森　昔の伝統的な心理療法ってやっぱりシナリオ中心だったんじゃないの。心理療法自体が何かシナリオをもっていたでしょう。こういうふうに人は成長していくとか、こういう治り方をしていくとか、治療者と患者の関係はこんなふうに発展していくとか。

田中　モデルがありますよね。ストーリーと言ったらいいのか。

森　もうあらかじめ決まっているんだよ、ストーリーが。

黒沢　そこにクライエントさんが言ったことを当てはめていったりして理解していく。

森　そういう感覚が伝統的な心理療法って言っていいと思うんだけれど、今やっていることってそうではなくて、それこそクライエント中心じゃん。こちらが何を考えるかよりもクライエントが何をするのか、そこにのっとってやっていく。つまり一番クライエントさんが目立てばいいわけでしょう。そういう感じというのは共通していると思う。だから同じ芝居しているっていったって、伝統的な演劇やっていた同じ東大の藤山直樹（編集部注＝精神分析家、精神科医。上智大学教授）はそんな心理療法やっているじゃん。

田中　最近、藤山先生は落語の本なんかも書かれている。

森　同じ芝居やっていても、私の心理療法と藤山直樹の心理療法は比べものにならないだろう。発想が違うんだよ。多分、多くの人って、演劇って戯曲中心だと思っている。またそういうふうに見ている人って数が多いんじゃないかな。多くの人たちは戯曲にユーモアを感じている。安部公房も言っているけれど要するに文学の肉体化というふうに演劇をとらえてる人って多いと思う。我々はそういう考え方を全くしない。どっちかと言うと肉体の文学化の方かな。

田中　肉体の文学化。

森　肉体があるんです。強力な存在として俳優の肉体が存在する。それが舞台上に乗って動くことによって何をみせてくれるのか、それを楽しみに待っている。そういう芝居だよね。それが基本の考え方。俳優中心、戯曲はあまり意味がないと考えるけれど即興はやらない。

田中　それはまたなんで？

森　即興にすると枠がなくなるでしょう。枠とか制約というのはけっこう人間の能力を最大に発揮するんですよ。なんでも好きにやっていいよというふうに言われたとき、人ってあまり能力出せないんだよ。ここはこうしなければだめなんだと、こうしちゃダメだという制約があったときに、その中でどうするか、でも自分のやりたいことはあるわけじゃん。そこに取り組んでいくんだよね。そうするとそういうものができる。日本の芸術って特に演劇はそうだけれど、そういう路線でやってきたんだよ。ぜんぶ型があるし、その型の中でどういう表現をするのかという微妙な表現というところをけっこう大事にしてきたのが日本演劇なんだよね。だから偉そうに言うと丸山眞男が日本の演劇の伝統を引き継いでいるという自負があるんだよね。型っていうのはけっこう大事にする。だから即興はやらない。心理療法もそれと同じかな。まあ一人ひとりに合わせてテーラリングするのはもちろんものすごく大事なことなんだけれども、基本線の型はあるはずなんだよ。誰とやるときにおいてもね。だからそれをあきらかにするということが効果的効率的心理療法のあり方のエッセンスの要素を明らかにしたことである。それが目の前の人が誰であろうと、共通するもの。そこは崩してはいけないのだよね。それが何なのか。

田中　そこです！

森　なんだと思う。

田中　先生が今、教えてくださるのかと思って聞いていました（笑）。

心理療法に共通するもの・その1

森　答えは一つしかないと思うんだよね。演劇っていったっていろんな演劇があるわけじゃんか。どの演劇が良くてどの演劇が悪いかってことはないわけでしょう。小説だって絵だってそう。芸術作品っていろんなのがあるじゃんか。いろんな発想に基づいたさまざまな手法を使ったやり方があるじゃんか。ただヒッチャカメッチャカだったら困るかもしれないけれど、ある種の一貫性があれば、それはどんなものであったって完成度は高ければそれはいいもの。心理療法でもそうなんだよ。こういう心理療法でなくちゃいけませんというのはやはりない。だけど自分は何を大事にするのかということを、それぞれのセラピストが一人ひとりきちんと決めるというか、ここは大事、ここは絶対譲れない、ここは外せないというのものをきちんとみていく必要があると思う。私の場合だったら、まず最初は合わせることだよね。ページング。

田中　ページング。合わせる、ですよね。

森　ページングをすごく大事にしているよね。なぜかといったらできないから。

田中　？

森　私、自閉症じゃない？　だから基本的に合わせられないんだよ。だからすごく努力する。ただ合わせ方のスキルに関しては芝居やってきたり、音楽やってきたり、さまざまな他の活動をやってきて人と一緒に何かを共にやっていくという活動をさんざんやってきたからあるけれど。

田中　そうですよね、演劇にしても。コミュニティの中での、多職種との仕事にしても。

森　幸い東大でも家の中にこもって勉強していた人間じゃないので（笑）。

田中　それはよくわかります。
森　だからそれなりのスキルはあるんだけれど、でも気をつけないと合わせないで勝手に一人で走っていっちゃうからさ（笑）。
田中　黒沢先生、深くうなずいていらっしゃいますね。
黒沢　意識しないとね。逆に心理療法の話をするとき、いつも森さんから合わせるという話が出るのが私には意外なんですよね。私にはあまりにも当たり前のことだから。しかもそれが一番最初に出る。一番大事なことなんだけれど、みんなは意識しないでもやっていると思うんだけれど、それがアイテムとしてちゃんと出てくるところが、すごく森先生らしい。でも知らないでやっちゃっていて、これが大事だよと改めて知る意味では、そういうことにいつも努力しているというか、意識化している人の言葉ってすごく大事だと思うんですよ。私なんかスルーして次のこと考えますからね（笑）。まず合わせるではなくて。
森　若い頃は面接入る前、クライエントさんに会う前にずっと黙想していたんだけれど、「流れに乗る。流れに乗る、流れに乗る」ってつぶやいて、それからクライエントさんに会ってた。とにかく流れに乗る。そこがうまくいったらだいたい成功する。失敗するときは最初から流れを外すんだよね。だから流れに乗るぞみたいなことを考えていた。最近でも考えることあるよ。ちょっとよくわけのわからないケースがきたとき、なんでこんなっている、ようわからんとなったとき、とりあえず流れに乗る、流れに乗るってね。
田中　流れに乗るって、それは自分に言い聞かせればできるものなんですか。
森　うん。
田中　できちゃう。
森　言い聞かせるだけ。

田中　言い聞かせるだけでできるのも、それはそれですごいなと思って聞いてたんですけれどね。
森　田中先生だって別に言い聞かせなくてもできている。
黒沢　田中さん、流れに乗る、それが取り柄じゃない（笑）。
田中　そう言っていただければ嬉しいんだけれども（笑）。
黒沢　苦せずしてやっているから、逆にほぉ〜って聞くんですよ。
田中　呼吸のように、空気のように黒沢先生はおやりになる。私はそれほどでもない。それこそね、家族と出かけるとき、ひな子はすぐいなくなると言われてたので。
黒沢　クライエントさんがいるときは絶対流れにうまく乗っているから。
田中　そうありたいと思います。専門家が正しい答えを知っているから付いてきなさいという、クライエントの方が流れに乗るというのがこれまでの主流だったので、流れに乗るというのは、心理療法の歴史の中で意味のあることだと思います。
森　けっこう私、自分のことをクライエント中心主義だと思っているんですよ。
黒沢　ほぉ〜。
田中　ここで「ほぉ〜」というリアクションは？
黒沢　そうなんだけれど、いつもはそういう言葉で悔しいからなかなか語らない人だから（笑）。
田中　今日ははっきりと。
森　よく言ってるよ。特にソリューション・フォーカスト・アプローチ、私けっこう本気で診療者中心療法よりも、クライエント中心主義だから。
黒沢　そうそう、それは言っているし、そうだと私も思います。

田中　マニュアルがあるにしても、大枠の哲学として「一人ひとり違う」とか、「変化は常に起っている」とかが基本にあり、その上での型なんだなと、私もソリューションやっていて思いますね。
黒沢　クライエントさんからやはり聞き出す質問が多いですよね。でもそうじゃなく言っているクライエントセンタードって、そこまでこちらがクライエントさんから何かを学ぶというか、引き出すというのがない。展開の仕方も、その人がどういうゴールを望むのかとかいうことも全部聞くじゃないですか。でも、そうじゃない方はあんまりそこまで聞かない。でも聞けばその人がもっている、それはソリューション・フォーカストの方がよりクライエントセンタードだろうなと思いますね。

心理療法に共通するもの・その2

森　あとは私の場合、面接の中で大事にしてることは「びっくりさせること」だね。
田中　ああ、それって出会った頃からずっとおっしゃってましたね。驚愕テクニック。合わせることとびっくりさせることとって矛盾してるように聞こえますけれど、どういうことになるんですか。
森　最初は合わせているじゃない。でも、ああ、ここでという感じの外しの瞬間がどこか必ずあるのよ。まあ、最初から外すということもあるけれど（笑）。
田中　（笑）
森　最初から外すこともあるけれど、必ずどこかで最低一回は面接の中にいれる。
田中　それはどう役立つんですか。あえてうかがいますけれど。
森　それを境に枠組みが変わるから。リフレーミングが起こるよね。やはりびっくりさせないとリフレーミングって起こらない。理屈で戦ったってリフレーミングされない。議論していくと逆にフレームは強固になっていくだけだから。

田中　そうですね。

森　まずは今まである枠組みを破壊して、頭の中をちょっと真っ白にしてもらってから、その後でこうだよねと入れていくと、それってけっこうすんなり入るので、とにかくびっくりしてもらう。

黒沢　それは笑わせることとは違うんですか。

森　笑わせることもいいけれど、笑うよりもびっくり、驚く方がいいね。だからそんなことがあるのかみたいな、そんな感覚。それをもってもらうということはすごく大事かな。

田中　予想外の展開ですよね。意外性、こうなっていくべきだと思っていたところから違う枠を提示する。

森　そうそう、そうそう。本人にとって今まで当たり前だったということが、いやそうではない、それが当たり前というよりも、こういうこともあるんじゃないのっていうふうに何か全く別のものを提出する。とにかくびっくりさせる。

田中　びっくり体験ですよね。それは催眠とは？　催眠という言葉があまり出ていないので。

森　催眠でももちろん使うよね。それが一番早いんだよ。すぐ入っちゃう。びっくりさせたら、瞬時に入るんで。お手軽だからエリクソンは催眠を多用したよね。

田中　でも、びっくりさせるのって勇気がいりますよね。外したらどうしようとか、びっくりさせず呆れられたり、怒っちゃったらどうしようかと、つい思っちゃう。びっくりさせるをさらりとやるのはどうしたらいいんですか？

森　なんだろうね。わからないけれど。

田中　予想外での展開だから、ここでのことですよね。今日、このあたりでびっくりさせようとか、なんかあるのですか。クライエントにとっては予想外だけれど、先生の立場ではどうなんですか。

森　ああ、ここだというのはわかるよね。

田中　そのときわかるんですか？　面接前にプランしているわけではない？

森　どこかではやるぞというのはプランしている。

田中　内容はまだないわけですね。

森　何をどこでというのは、やはり流れの中であぁ、ここだ、来た！　というのがわかる。そこでびっくりを入れてからやっていくと非常にスムーズに進むよね。

田中　ここで、はぁ〜、さすがだなと聞いていればいいのか、あえて間抜けでもどういうところでわかるんですかとか聞いた方がいいんですかね。

黒沢　聞いてみようか。

田中　聞いていいんですね。ここだというのは何のサインでわかるんですか。どこでわかるんですか。

森　ここを例えばちょっとプッシュしたり、一番突っ込んだらびっくりするだろうなと思うところを入れる。

田中　そこがわかるんですね。

森　ここでやったってダメージ少ないと思ってやったってダメだよね。これ言ったりやったりしたら絶対びっくりするの間違いないというところを入れる。

——具体的にはどんなふうに。

森　なんでもいいんだよ。びっくりすれば。例えばエリクソンの話だったら、エリクソンってたいてい新しいお客さんが来たときにすげえ変な入り方するじゃん。ザイクと会ったときなんか、ロボットみたいな感じでお願いしますって挨拶していたとかさ、オハンロンには庭の植木の世話しながら変なことゴチャゴチャ言ってたりしてた。ああいうことでもそうだよね。あるいは面接室の中に置いてあるものもそう。これ何すか?! ってなれば、置いてあるだけでびっくりするじゃん。

黒沢　ソリューションの質問って、そもそもびっくりさせる質問だと思うんですよ。

田中　ミラクル・クエスチョンとか?

黒沢　そうだけれども、例外の質問だってそうですよね。だから森先生は型通りするのも好きじゃないし、元々ソリューションからやっているわけではないけれど、ソリューションの質問もびっくりさせるのが多い。それが起こっていないときもあるんですが、ちょっとした例外を聞くにしても、こちらがそれをコメントするにしても、えっ、そっち取り上げます? みたいなこととかね。クライエントさんは「あれ、そこを興味もって聞いてくれるんだ」って思ったり、考えたこともないことに気づいたり。もちろんミラクル・クエスチョンとか最たるものですけど。ご本人がその通りだと思っていることをコンプリメントしても治療効果は十分ではない。でも、「そこ?」みたいなところをコンプリメントされると、びっくりしているんじゃないかなと思うんですよね。ソリューションの技法だって言っていいかわからないけれど、その中にすでにびっくりさせることが入っているのかなと思う時もあるんですね。森先生はそうではなくても、あの手、この手でびっくりさせるんですよ。

田中　そうそう。

黒沢　でも私たち、びっくりさせるの好きだよね。結果として笑いをとることが多いですけれど。ただびっくりしてるときもあるし、はぁ〜っていって考え込まれるときもあるし、とにかく止まるよね。一瞬、あっ、えっ〜みたいな感じで。先生がびっくりさせた中で、クライエントさんとのエピソードってありますか。

森　毎回あるから、いっぱいあり過ぎる。ないことがないので。特に昔はびっくりさせるために一生懸命派手なことをやっていた。ちょっとやそっとのことで、人はなかなかびっくりしてくれないだろうと思うじゃん。だから派手なことをやっていた。でも派手なことをやることが大事なことではないんだよね。今はそんな派手なことしないけれど、ものすごくちょっとした言葉の言い回しとか、話題の持って行き方とか、簡単にいくつでもつくれる。そういうのを積み上げていく、そうするとふわーっと変化が起こるから、あまり派手なことする必要ない。

黒沢　逆に、小さなびっくりがない面接ってあるんだろうかと思ってしまいますが。

森　あるんじゃないの。知らないけれどあると思いますよ。

黒沢　私たちがやっていることってちょっとずつクライエントさんはびっくりしているんじゃないかなと思う。

田中　そうね、いろんなボリュームあるけれど。

黒沢　ひな子先生なんてどんな面接もびっくりしますよ。そんなところにびっくりするのってクライエントさんがびっくりする。

田中　確かに私の方が。

黒沢　そんなところにびっくりされるんだってびっくりするから。それが田中先生の持ち味というか、ひなちゃん流びっくりのさせ方。

田中　でも二年に一ぺんくらい、そのオーバーリアクションがいやだって言わることがあります（笑）。

黒沢　意外と素直に言っているのにね（笑）。

田中　クライエントさんがもう自分はダメ人間なんだ、どうしようもないんだ、もう専門家の力を借りるしかないという枠組みでいらしている場合には、ソリューションの質問の全てがびっくりになる。まあびっくりというのを細かく言えば、差異をつくることですよね。
黒沢　差異があるからびっくりするんですよね。
田中　そういう意味では、私いつもびっくりさせていますって言えるのかな。森先生のとはちょっと違うような気がするけれど。そう言えば、最初、森先生が東大にいらっしゃると聞いたとき、ちょっとびっくりしました。
森　どういう意味でびっくりしたの。
田中　やっぱり東大のすごいエリート像ってあるじゃないですか。ましてや医学部の所属でと思っていたので、えっ〜というのはありましたよね。でもそれは皆さん、クライエントさんもそうですよね。
黒沢　うまく使ってらっしゃいますよね。
森　ギャップがあるってことね。すごいエリートっぽくないという意味？
田中　（大笑）そうですかね。そういったところ、エリートっぽくしてなさるときもあるんですか。
森　たまにはあるかもしれないね。
黒沢　クライエントさんがそういうものの方が合わせやすいときはね。そういうふうな雰囲気で出した方が合わせやすいときはね。
田中　合わせて、そしてまたびっくりさせる。
森　あとはもうちゃんと指示を出して、こうしたらいいよねとちゃんとアドバイスをあげる。
田中　親切ですよね。アドバイスを出す。
森　そう。今言ったことって一回でできるから。だからシングル・セッションで多くのケースは良くなる。アドバイスを入れて三つのことができれば、一応基本最低このぐらいの仕事はしときましょうくらいのことはできるんじゃないのかな。もっと他の複雑な作業をしないといけないケースももちろんあるとは思うけれど、まあそれは特例で一般的なケースは今の三つをやったら一回で終わるんじゃないの。

田中　一回で終わらないケースを抱えているので、耳が痛いですが、一回でも変わるときは変わるということですよね。回数ではなく。

森　一回で必ず変わる。一回で終わるとは限らないけれど、初回面接の後、クライエントは通常非常に大きな変化をとげます。それは一回目から二回目、二回目から三回目の変化、三回目から四回目の変化って、それぞれの間の変化があるじゃないですか、それを全部比較したときに絶対一回目から二回目の変化が一番大きい。だからブリーフセラピストは絶対そこを狙うというか、外さない。そこで仕事をするという意識が大切だよね。だから絶対インテイクはやらない。

田中　もったいないですよね、インテイクするのって。

森　ひなちゃんが勤めている原宿カウンセリングセンターはやっているの。

田中　原宿はやらなくちゃいけないんです。ケースカンファレンスで報告しないといけないので、必要なことは聞きますけれど、でもいわゆる情報を聞いただけで終わりでは、ブリーフセラピー学会員歴二十何年としてはそうはいかないので、ミラクル・クエスチョンとかいわゆるソリューションのできる限りのことはやりますね。

黒沢　インテイクって一回目で。

田中　やってますよ。

黒沢　ミラクル・クエスチョンとかした自分が、その後担当になる？

田中　はい。ケースカンファレンスはただスタッフ間で情報をシェアするためなので。

黒沢　いろんなクライエントさん来るからね。
田中　だから二回目の面接が一番楽しみですよね。ぜんぶ楽しみなんだけれど、やっぱり二回目の感覚で、その後もみえてくるというか、ワクワク感があります。だからシングルでやるとそれがわからない。シングルで終われたら、それにこしたことないですが、私は何回か会うことになるので、二回目の面接が一番変化を大きく出すというのはあります。
黒沢　でも仕掛けるんだよね、ひな子先生が一回目の面接で。
田中　それはもう、型といったら型です。ミラクル・クエスチョンやスケーリングはたいていていは聞きますね。そして、アドバイスというのもします。
森　今言ったこと全部やればいいわけだから、そんなに心理療法って難しくないと思うんだけれどね。
田中　合わせる。驚かす。説明して助言する。
黒沢　説明は相手に入る説明じゃないといけないし、アドバイスというとこちらから一方的みたいだけれど、当然相手に入るような、びっくりしたやり取りの中で、その人に一番あったアドバイスをしないといけないわけですからね。
田中　そう考えると複雑になる。シンプルっておっしゃるけれど実際に先生がなさっていることは複雑なことです。そういう感覚はご自身としてはないんですかね。
森　複雑にはしないように最近はしている。
田中　最近は？
森　昔はわざと複雑にしてる節があったけれど。
田中　（笑）

黒沢　いろいろやりたかったんだよね。

森　エリクソニアンやってる手前、そんな単純なのではダメだろうみたいな。いろんな要素をパーっと入れて込んで複雑にしてた。何をやっているか皆目わからない感じでつくっていこうみたいなことに、けっこう喜びを感じたりするじゃん。

田中　先生、正直ですね。

森　若い頃はね。

セラピーにおける時間軸

黒沢　この三つの中に時間軸って入ってこないんですか。未来軸みたいな。

森　三つの中に時間軸が入るか……。

黒沢　というか、面接の中で大切にしていることの中に入らないかなと。私とひな子さんには、合わせるというのは当たり前すぎて言語化しないで何が大事と聞かれたらそこをスルーしたようなことを言うかもしれない。逆に森先生だったら普通の人以上に時間軸って未来に向いてるから、当たり前にしてらっしゃるから言わないのではないかなと思って今、聞いています。

森　それはあるよね。

黒沢　言語化されないけれど、面接で大切にしていることという意味で言ったんですが。

森　大切にしていることにはあるよ。

黒沢　意識していないからあえて言語化されないのかなと思って。

森　意識してないことはないよ。意識もしている。ただ、今みたいなことをまとめたときに入っるかといったら別の話のような気がする。それは例えばびっくりさせるとか、そういう話になったときにそこに時間の話をもってくるとかさ、もちろんアドバイスとか、説明のところに時間の話を入れ込む内容の話であって、やることの話とはちょっと違うような気がする。

黒沢　びっくりさせることも、アドバイスをすることも、それに向けてる感じがするんですよね。

森　そこに向けてるわけではないんだけれど。びっくりしてくれたらなんでもいいわけじゃないんだけれど。

黒沢　そうなんだけれど、びっくりして枠組みがゆるんだときに過去のことでガチガチになっている枠組みがぱっと外れるんだったら、それはどっちに向かう話になるかといったら。

森　過去の話を緩めたいときはそうする。別に過去の話って緩めないといけないものでもないし。かえって大事にしたいのを煽っちゃう。

田中　そうですね。

森　いい過去も悪い過去も含めてさ。自分にとって大事な過去だからさ。それを全部緩める必要もない。

黒沢　狭い意味で、過去を緩めるためにという意味ではないんです。私は先生の面接を見ていると、いつも時間軸を感じるんですよね。

森　時間軸は常にあるよ。

黒沢　それは慣れていると解決志向、未来志向系でやっている人たちは当たり前なんけれど、多分、合わせる、びっくりさせる、ちゃんと説明するということの背景に流れている時間軸がどの方向に向いているかというのが、私たちにとっては当たり前過ぎるんですが、なんか想像されることが違う可能性もあるのかなと思ったので、ちょっと聞いてみました。

田中　なんかあるんですよね。合わせる、びっくりさせる、ちゃんと説明してアドバイスするとは違う箱にもう一つ時間というのがある。

森　それは心理療法の中で、どう言えばいいんだろう——やらなければならない最大の仕事。

田中　最大の仕事！

森　我々はクライエントさんの過去に介入することはできません。現在にずっとお付き合いすることもできません。未来にずっとお付き合いすることもできません。私たちがクライエントさんに関われる部分というのは、クライエントさんが現在なんとなく思い描いている未来時間、イメージに対して介入すること。それが不幸な未来時間イメージだったらその未来はくる可能性は高い。それが幸福な未来時間イメージをクライエントさんがもっているんだったら、我々はなにも助けてあげる必要すらない。ほっときゃそっちいくんだから。邪魔しなければいいわけで、そこをきちんと見極めて、クライエントさんが今現在持っている現在進行形の未来時間イメージというのを査定して、そこに介入する必要があるのかどうか。必要があるとすればどの方向に介入するのか、というのが我々の仕事。それ以外のことは、心理療法家としては仕事じゃない。ソーシャルワーカーだったら別の仕事あるよ。

田中　ええ～。

森　保健師、看護師だったら別の仕事あるよ。心理療法家ってそれ以外にそもそもできることあるの？

田中　幸せな未来時間イメージを持てる状態にすること。

森　そう。その幸せな未来が当然であるという感覚までもっていくこと。当然、私は幸せになるでしょう、という感覚。そうなれば、人は幸せになります。

田中　はぁ～。

森　そういう人って、すごい不幸な死に方をしても幸せに死んでいくんだと思うけれど。やれる部分はそこしかないんだよ。
田中　どういうふうにやるんですかと聞くと、また基本の間抜けな質問になってきますけれど、査定してとおっしゃいましたよね。
森　査定するって別に難しい話をするわけでもない。どうなると思うって聞いていく。
田中　それでいいんですか。
森　それでいい、そうなったら嬉しいのって。それともそうならなきゃいけないのって。なりたいというわけでもないけれどならないとちょっとまずいなという感じ？　とか。あとはなりたい、なりたいんだけれど、なれたら儲けもんだよなぐらいの感覚？　宝くじ当たればいいのにくらいのレベルの話？　それだったらちょっと実現の可能性低いからもうちょっと実現可能性の高い未来を手にいれたくはないか？　実現可能性の高い未来って何かといったら当然これはこうなるでしょうというふうに。当然、当たり前のように、そうなるだろうと自分で思える未来を査定していくわけ。その未来は実現可能性が非常に高い。あなたは明日、生きていると思う？　多分多くの人は明日は生きているでしょうって思ってる。だから多分生きている可能性は高いでしょう。でも今日死ぬかもしれないよ。
田中　まあ、地震くるかもしれませんしね。
森　ねえ、いつ死ぬかわからないじゃん。未来なんてどうなるか、全くわからないんだから。未来で確定しているものなんて何もない。でもそれを確定させていくものっていうのは、意志なんだよね。ようするにこういうことを実現させよという意志がそれを実現させているだけなんだよ。明日自分は生きていると思ったならば、明日まで生きていられるための最大の努力を人はするんですよ。そして危機を回避するんですよ。それを私はもう寿命は今日で終わりだな、もう死のう、それが自分の運命だとなったときには、それが死ぬということを回避するための最大の努力をやめる。やめたら死ぬ可能性は高いよね。死ぬのはすごい簡単です。なんだってそう。生きる・死ぬもそうだし、そのほかのことなんてもっと簡単だよ。学校やめたり、会社やめたり、友だちとケンカしたり、旦那と別れたり、簡単なことじゃない。未来を続けようと思うかどうか、それだけの話なんだよ。なんで、そのことは常に意識して仕事はやってるわけね。それが心理療法だから。だからこうやってしゃべってて、この方が明日、明後日、一週間後、一カ月後、一年後、自分が生きていて当然、当たり前のように元気に生きて行けるというふうに自然に思えるようなやりとりというのを常に心がけている。それは非常に重要だよね。とにかく何度も言うけれど、我々ってそれしかやれることがない。心理の人間ってほんと無能だよ。何もないよ。

田中　それって未来をつくっていく話をしているので、先生の研究会で一番最初に先生から学んだ技法は、「いつまでそれを続けるつもりなのか」と聞く質問だったような気がします。あなたが「意志」しているんだったら、意志にそれだけの力があるんだという。でもどうしてそこまで意志を信じられるんですか。

森　意志を信じられるというか、意志を信じない限りやれないだろう。

田中　そこが出発点。

森　従来の心理療法って、けっこう意志を砕いてきたじゃない。お前ダメだもんみたいな感じでやってる。あれじゃ、よくなるわけないじゃん。ダメだ、ダメだって言われ続けたらさ。いや、あなたは元気に生きていけますよ、というメッセージをあげないで何が心理療法なんだ。少なくともウエルビーイングをサポートするための仕事ではないじゃない。

田中　えぇ、えぇ。今、ポジティブ心理学とか注目されていて、まあ、私たちにしてみれば当たり前のことなんだけれど、なんかそのへんの今までの心理学がいかに健康概念を無視してきたかというか、意志を壊してきたというのかな、砕いてきたという反省の動きが世界的に始まっているなとすごく感じましたね。今の話を聞いていて。やはりこれまでの心理学はどこかおかしいんじゃないかっていう。

森　ポジティブであればいいという話でもないけれどね。

田中　それはそうですね。まあ、そういうところもありますけれど、

森　ネガティブばっかしはまずいけど。

田中　ポジティブ心理学って名前がよくないので、言っていることはほんと当たり前のことしか言ってないけれど。

黒沢　今、意志って話が出ましたけれど、意志って意外と無意識的なものも絡むという感じですかね。

森　絡むね。

黒沢　意志っていうと、意識下ですごく意識に鮮明にしていることというような感じで捉えがちだと思うんですが、今ここで話されている意志っていうのは、エリクソンが言うところの無意識かもしれませんが、いわゆる意識下の意志とはまた違う感じがするんです。

森　違いますよ。明日私は生きているでしょうという明確な意志か？

黒沢　意識としての？

森　違う。……まあどっちもでいいけどさ。明日生きてるよね、ちょっと自信なくなってきた。

――大丈夫です。

森　明日自分がちゃんと生きているというのは、意志というのともちょっと違うんじゃない。意識ともちょっと違う。

田中　そんなの当たり前という感覚を伴いますよね。自明の理という感じ。
森　だからどっちかというと、無意識に近いよね。
田中　なんとなくそう思っている、わざわざ聞かないでよみたいな感じですよね。エリクソンでは無意識を信じるって言いますよね。
森　そうそう、そうそう。
田中　これもエリクソンに出会ったときの新鮮な驚きでした。「意識が無意識を支配してコントロールしなければいけない」となると無意識は悪者になってしまうけれど、エリクソンは全然違っていて、無意識を信じていくという。馬のアネクドートでしたかしら？
森　あまり意識ということが強くなると第一水準の義務とか、必要とか、あるいは第二水準の……。
黒沢　未来時間にね。
森　願望とか夢とか、そのレベルになってちゃうからさ。我々が求めているのは第三水準なんだよ。必然なんだよね。必然的未来なんだよ。当然そうなる未来。意志とはちょっと別の。
黒沢　でもさっき言葉としては意志という言葉を使ったので、ちょっとそこを明確化というか、どういうものなのか話せたらいいなと思ったんです。かえって意志の方が、××なりたいのだけれど、××すべきだってなると、どこかで無理って思ったりしてしまう。そうではなくて、当然そうなっていく、エリクソンで言うところの無意識的なものを信じるという部分があるかな。そこを扱っていくというかな。
森　意志という言葉を使って、昔岡山で時間を扱った講演会（二〇〇八年の第一八回日本ブリーフサイコセラピー学会岡山大会）やったじゃない。あのときは物理学の橋元淳一郎先生がいて、あの先生すごく面白かった。あの先生は分子レベルでの意志みたいな言い方をしていたじゃない。それを書いた方がわかりやすい。

黒沢　森さんが言おうとしている意志は、今のようなバックグラウンドで私的には理解できるんですが、一般に意志というとまた違ってとらえられやすいかなと思って。分子レベルの意志、面白いですよね。

田中　そうなってくると属性とか本性とか、人間性といったらなんだけれど、そういう生命の方向みたいな。

黒沢　エリクソンが言っていたのはそういう方向なんだよね。元々農夫で、植物とかが自然に育っていったりとか。

森　だよね。

――ところで、三十分前くらいの話にもどりますが、田中先生が臨床で大事にしていることって何ですか。

田中　あのとき、パッと思い浮かんだのは会話というのが思い浮かびましたね。それで森先生が合わせることだとおっしゃったので会話で良かったのかなと、採点して丸をつけてもらった感じするので、あのとき会話って言っとけばよかった（笑）。会話なので、やはり合わせる会話と、あとは変化ですよね。いい変化と悪い変化があって、やはりセラピーというのはいい変化がなければお金はいただけない。そういう意味では治療的会話ということになりますが、メールセラピーとかもあるのかもしれないけれど、私はそういうことしていないので、やはり会話ということの属性として、今ここでやっていくという、そこですね。あと治療的会話、役に立つ会話の目的は、カウンセリングに来なくてもやってけるようになるということです。役に立つ会話はどうしたらできるのかというと、そういうことも言わないといけないのかな。それは１に練習、２に練習、３、４がなくて……。う～んそのへんが少し最近変わってきています。ブリーフセラピーを森先生からお話を聞いたりして、こういう技法があって、こういう考え方があってというそういうのを本当にワクワクして学習して身につけていくのと、あとは私が歳をとってきたというのと関係してるのかもしれませんが、とにかく自分がいいコンディションであること。よく眠れたとか、締め切りを抱えていないとか、トラブルがないとか、そっちの方が少なくとも今の私には大事かなと。ショーっていったら変だけれど、今ここでやらないと意味ないから、いいコンディションでやることでショーもいいものになる。ちょっとそういう意味では体育会系かな（笑）。そう、いいコンディションで臨むこと、できるだけハッピーな状態でいること、こんなことは社会人として当たり前ですよね、別にカウンセラーじゃなくても、誰でも心がけないといけないことかなとも思います。

――実際にプライベートにトラブルがあるときもあるわけじゃないですか。そういうときはどうするんですか？

田中　そういうときに助けになるのが技法です。とりあえずリスクを避けたいから、技法に忠実にやることを心がけますよね。技法や型で一般的にこういうことはしない方がいいということはしないという無難な方にいってしまいますが。

社会構成主義

森　最後に社会構成主義の話をしたい。

黒沢　これまでそこらへんの話が出てこなかったから、ひなちゃんから先生はそれを聞きたいところじゃないかなと。

田中　まさに先生がおっしゃった未来の時間のイメージですよね。それはイメージという感覚を伴ったストーリーじゃないかと思うので。やはりそれは会うだけで非言語的に伝わることもあるけれど、言葉で伝わるし、言葉で構成されるし、言葉にされることでより確かな現実になっていくし。また演劇のことでも、演劇ってこう空間があって人がいてセリフで、そこでどういう音楽がかかるかで流れが変わってきたり、とにかくここでやってるだけなのに現実がこう起こるというあの感覚。それが社会構成主義だと思います。今ここで話していくことで未来をつくっていく。

森　ひなちゃんみたいにちゃんと社会構成主義を説明してくれたら、私はなんの異論もないんだよね。

田中　そうですか、そう言っていただいてすごくホッとしました。

黒沢　社会構成主義、嫌いなんだよね。

田中　嫌いなんですか。はぁ〜。

森　ひなちゃんの言葉は全く何の抵抗もないな。

田中　そうですか、そう言っていただくと。演劇なんかまさにそうですよね。音響の音楽なんかここで何の音を流すかでぜんぜん違ってくる。森先生は社会構成主義で何か誤解とか、それがもたらす問題とか心配なことがおありなんでしょうか。あえてうかがうと。

森　いくつか社会構成主義の嫌いな点がある。四つくらいあるのかな。

田中　四つ。

森　一つはまず使っている単語が難しい。

田中　確かに。

森　何言ってるんだかわかんないよ。使っている人たちちゃんとわかって使ってるのかな？

田中　先生からご覧になって難しいっていったら相当難しい。

森　うん、難しいよ。一度ぱっと読んで、そういうふうに読めない。マイケル・ホワイトの初版なんか最悪だもの。他の人の文章はあまり読んだことないけれどさ。

田中　あは〜。

森　二つめは別に新しくもない、昔から言われていることをあたかも新たなる発見であるかのように言うところ。

田中　物語的転換、ナラティヴ・ターンとか？

森　そこが二番目に嫌いなところ。そんなこと昔から言ってるよって。あなたたちの発見じゃないってね。

田中　昔って、それこそブッダが言っていたとかの話ですか。

森　ブッダでもいいし、要するに物が中心になっている考え方なのか、知が中心になっている考え方なのかということでしょう。そういう二つの考え方ってギリシャ時代からあることじゃない。世の中には絶対的な物があって、それを人間がとらえ知覚し、理解し、把握する。そうやって世の中と人間というのは相互交流をもっている考え方が古くから一つあるわけでしょう。もう一つは人間がこう捉えるからこれはこうなんだというふうに考える。そこに本当のものがあるわけではない。こう思うからこうなんだ、という考え方があるわけよ。ギリシャ時代からあります。それの蒸し返しにすぎない。構造主義が近代化にともなって発展していって物中心の考え方というのが発展していった。だからその反動として、そうじゃない、この世の中に絶対的なものなんかあるわけじゃないと言いたくなる気持ちはわかりますけれど、もうちょっとおとなしくしてろって（笑）。そりゃそうですけれどって思うわけ。

田中　いまので二つ目であと二つ。

森　あと二つは、したがって客観的な存在というのを全て否定するという人たちが中にいる。すべては社交的に会話で構成されていて、実態なるものは全く何もないんだというふうに非常に偏った考え方をしている人たちがなかに一部いる。だけどそういう人たちって声がデカイのよ。ギャーギャー騒いでいるじゃん。ありゃ、鬱陶しい。世の中に人間が別にいようといまいと存在するものは存在するので、全部人間の考えだけでつくられているわけではないということなんて、当たり前の話なのでね。

田中　え〜。

森　それが特に医学系の話になってくると、そこらへんの話がすごく微妙になってくる。だから全否定に走りたがる。例えば薬は全く役に立たないとかさ。

田中　前にオープンダイアローグの危険性をおしゃっていましたよね。

森　例えばね。心理療法以外の治療は役に立たないんだという極端な議論とかね。そういうのが出てくる。四つ目はなんだっけ。なかったかもしれない。そう三つの理由だね。

田中　それは一つひとつそうだな、気をつけないといけないなと思いながら聞いていました。とは言ってもやはり社会構成主義という言葉を使いたいのは、あえて言えば客観主義とは違う、医療とは違うことを臨床心理士がしてるんだという、会話でやれることがあるんだということを示したい。心理療法のなんというんでしょうか、根拠となる理由、理論がなんかちょっとインパクトがないと辛いというのが臨床心理士、特に民間の相談機関で仕事していると感じるところがあって、そこでやはり医学のベースとなっている客観主義とか、そういうものとは違う世界観、認識の元で私たちはやっているんだと差異化して生き残りをかけている。そういうところがあります。

森　要するに職業を成立するための話でしょう。

田中　まあ、役に立つということですよね。

森　心理はまだ職がないので、だからその職を確保するためにそれの根拠みたいなものをずっと求めてきたわけだよ。そんで今のところ社会構成主義のところに来ているわけだけれど、これは言ってもしょうがない話なのよ。何か根拠をつくってその職業の、そこで理論的なものを押しはめて、そしてそれを職業化している、あるいは国家資格化していくというやり方はあまりよろしくないやり方なんだよ。仕事って先に作っちゃんだよ。医者って議論して、医者つくろうよって医者できたわけじゃねぇだろう。医者って昔からいただろう。坊さんも昔からいただろう。その他のほとんどの職業の人たちも最初から仕事があった。

田中　ニーズがあったということですか。

森　そうそう、そうそう。仕事があってその仕事に従事する中で自分たちの仕事って何なんだと言うことをより考え、洗練させ、そしてより自分たちの仕事のアイデンティティというのを確保してきた。それを仕事はない段階でいくら自分たちのアイデンティティは何だかんだって言ったって駄目なんだよね。だからあまり言わない方がいいと思う。社会構成主義っていうのを。

田中　（笑）

森　それって逆効果だよ。また心理の人たちがわけわからない小難しい、他の人が理解できない業界だけで通じる言葉使って密談してるよ、ああいう人たちとは一緒に仕事したくないね、みたいな雰囲気が広がるだけ。

田中　そのへんでちょっと神秘化して権威づけようという歴史もなかったわけじゃないと思いますが、それは止めた方がいいと。

森　だって出発してるじゃん。

田中　そうですね。だいたい主義という言葉がつくようなことからは距離を置いた方がいいんですかね。

森　もっと実務を勉強した方がいいと思う。心理職というのはどういう実務ができるのかを。哲学じゃなくてさ。哲学はみんなもっているんだよ。じゃなくて仕事していく場合は実務でしょう。私たちはこれとこれの仕事をします。これこれの結果を残します。そこを明確にしていかないと。でも難しいよね。心理にしかできない仕事って何？

田中　う～ん。

森　会話って誰でもできるじゃん。そこを主張したってあまり説得力ない。

田中　それもそうですね。

森　逆にあんたたちしか会話できないと思っているのかみたいな、反感すら覚えるよね。看護師だったら看護師しかできない仕事ってあるじゃない。医者はもちろんある。ソーシャルワーカーもある。じゃあ心理にしかできない仕事って何？

田中　心理にしかできないというと、ほんと言葉に窮しますね。ただ誰でもできるかもしれないけれど、心理が得意とする仕事というのはあると思うので。

森　例えば、会話？

田中　ああ、「役に立つ」をつけましょうか。

森　そうやって明確にしていかないとね。そのためにも心理の人が会話上手になってもらわないとね。けっこう心理の人って会話

森（左）・黒沢（真ん中）・田中（右）　2015/1/22

下手じゃん（笑）。

田中　（笑）

森　会話下手な人が会話の専門家ですと言われてもね、これもまた説得力ないんだよな。

田中　やっぱりこれから私は、未来時間をつくる仕事っていいます（笑）。その定義が優れているということが今はっきりわかりました。ありがとうございます。

田中ひな子（たなか・ひなこ）原宿カウンセリングセンター。臨床心理士。一九八九年立教大学大学院社会学研究科博士課程前期（応用社会学専攻）修了。摂食障害、依存症、アディクション、虐待・暴力の被害と加害等の臨床に携わる。専門は解決志向アプローチ、ナラティヴ・セラピー、ＥＭＤＲ。

第6章　ブリーフの広がりと森気質論の話

児島達美×森　俊夫

ブリーフの思い出

児島　僕から喋り出すんだな（笑）。森先生は受容、傾聴する役ね。
森　そんな感じね（笑）。
児島　ここＫＩＤＳも久しぶりで、何年ぶりかな〜。ワイワイガヤガヤやっていた若い頃、ここで理事会をやっていたね。ブリーフの大会で思い出すのは、森さんが東大でやってくれた、たしかオハンロンを呼んだとき。
森　森山さんが大会長やったときかな。
児島　そうか。あのときオハンロンに、それからパラツォーリの息子も来たんだよね。オハンロンの講演で面白かったのは、日本での講演だから少しはヨイショしている部分もあったと思うけれど、当時、日本企業がアメリカにどんどん進出していく中で、アメリカは日本の企業の経営スタイル、特に、品質管理における「カイゼン」というのを学ばなくてはいけないということになったことを取り上げて、セラピーもまさに「カイゼン」が大切じゃないかって。その意味では、日本はセラピーでも素晴らしいものをもっているって。あれから何年経つんだっけ。もっとも、最近じゃ、日本の企業も苦戦続きで、時代も変わったなあー、とは思うけど。

森　第一回が一九九一年。

児島　ということは一九九六年か。

森　二〇年前かな。

児島　そうかその前の年、九五年に僕が大会長として福岡で大会をやって大赤字を出して（笑）、赤字補塡のためのワークショップというのをやったよね。

森　あれ、実はお陰様やったね。あれさせてもらったから、教育領域への進出ができた。東京は、あの赤字補塡のために、スクールカウンセリングをテーマにしたシンポジウムを東大で開いたんだよ。

児島　そうなんだ。

森　私、それで教育相談の人たちとすごく関係が広がって、それで『学校教育相談』（ほんの森）で連載するようになって、教育相談でブリーフっていったら、今はそれなりの地位を占めている。

児島　そうなんだ（笑）。

森　あれのお陰よ。

児島　二十年近く経って、あれのお陰だと言われると（笑）。

森　あれがなかったら広がりがちょっと遅れたね。身内だけでももちろんやったけれど、広げるというのではもうちょっと時間がかかったかもしれない。

児島　そうなんだ。

森　とにかく赤字を何とかせなあかんわけやん。それなりの人数集めないといけないから、どこに市場、マーケットがあるかというのはかなり考えたよ。

児島　初めて聞くな、その話。

臨床家の骨

児島　僕は翌年の九六年には福岡から長崎に移っているんだけど……振り返ってみて、僕には、なんというか本当に臨床家としてこれという骨みたいなのないんだな（笑）。

森　ふん？

児島　俺はこれなんだという。

森　自分の臨床で？

児島　そうそう。フラフラしている。

森　児島さんはほんまに万能タイプやもんね。何でもできるやろう？

児島　万能って言えば聞こえはいいけれど。何ができるって言われたらよくわからないんだよね。

森　万能やからでしょう。一つに特化させる必要もないからね。だからどこかが突出しないというか、伸びないというのはあるかもしれない。

児島　全部中途半端なんよ（笑）。

森　別に突出させる必要があるのか。突出している人間というのは私みたいにできない部分がめちゃあるから、できる部分がめちゃ目立つという形で突出するんだよね。東さんかてそうやないの。最近、更生したみたいだけれど。

児島　更生（笑）。

森　それまで人としてどうよ、みたいなところがあって、若い頃は違うところに住んでいたので知りませんけれど（笑）。

児島　（大笑）万能型と突出型。そうだな〜。

森　黒沢幸子もどっちかていうと万能型の方やから。

児島　裏返すと、これっというところに確かに関心もってワーッといくんだけれど、これも言い方だけれど飽きっぽいところもあるね。それは領域に関してもそうなんだよね。ソリューションの領域に関しても徹底的にこの領域でこれをというのは、これまでのことを振り返ってみると確かにないね。なんでそうなんだろうかと、ときどき考えることあるけれどね。

森　霜山先生の影響もあるのかもしれないね。

児島　霜山徳爾さんね。僕が霜山先生に会ったのはほとんど彼の晩年だったね。これはよく言うんだけれど、霜山先生は自分の弟子をつくろうとしない人だったんだよね。あの人はそれこそ実存分析だとか、現象学的なことをやっていたけれど、そっちの方向に弟子をつくろうというのは全くなくてね。好きにやれという感じだった。

　あの人はヨーロッパのサイコセラピーの伝統に詳しくて、そして語学力もすごい。また文学や精神医学に関してもすごくて、まあ言ってみればヨーロッパの精神史みたいなものに精通していた。片方で、いわゆる東洋的な、日本の精神性ということもすごくあった。誰かに言われたらしいんだけど、霜山先生は結局どこに足場を置いているんですか、危なっかしく見えるって。そのことを喩えて、湖にボートが二艘あって、その両方のボートに足かけているみたいで、危ないですよと、そういうふうなことを言われたそうな。それに対して霜山先生は何と答えたかというと、私は最初から水の中におりますって答えたっていうんだよ(笑)。ワオッ！　恐れ多くてその霜山先生が影響しているなんて言うつもりはないけれど。最初から水の中におりますってすごいよね。

育つということ

児島　院生時代、今でも同じだけどケースカンファレンスってやるじゃないですか。そうすると、ちょっと偉い先生を呼んできてコメントしてもらう。そこでの会話がなんか釈然としないんだよね。特にスーパーバイザーの先生のコメントがね。特によく耳にして覚えているのが、面接でクライエントの深いところをよく扱っているねなんてコメント。この深いってなんだ？　って、単純に思うんだよね（笑）。逆に、表面的な対応だとか。要するにセラピスト自身が不安を感じているから、あえてそこはさらっと流しちゃったんでしょうみたいな。そういうコメントがほとんどだったわけよ。なんか違和感があったな〜。

森　なんで家族療法に行ったの？

児島　これはほんとにたまたまだった。大学院の同学年に医学部卒業して精神科医になったばかりの女性で霜山先生に傾倒していた人がいたんだけど、彼女が、児島さん暇そうねって、実はこういう研究会あるんだけど来てみないって誘われた。どんな研究会って聞いたら家族療法っていうから、えっ、何それって、金かかるのかって聞いたらかからないと言うし、別に気を使うこともないからというので、行ったのがきっかけかな。今の家族療法学会の前身の研究会なんだけど。参加してみたら、そこで飛び交っている言語も臨床家の名前も、こっちは少なくとも大学院で勉強しているのに、わからない。でも、何か魅かれるものがあったね。

森　それは児島先生、いくつくらいのとき？

児島　僕がね、三十半ばかな。ついでに言うと、僕は最初哲学科にいて卒業後五年ほど重度の知的障害者の施設で生活指導員をして、ちょっとしたきっかけから、心理学科の二年次に編入したのね。そして、三年の後期に霜山先生に呼ばれた。「児島くんどうなんですか？　単位はだいたいとれそうですか」っていうので、単位は四年目は卒論だけでなんとかいけそうですって言ったら、霜山先生曰く、君は家族もいることだし上に行くといっていたから院を受けなさいって言うんだよ。飛び級入試やね。で、結局受けて入ったから僕、心理学科を中退してるの。編入して中退なの（笑）。

森　そうなの（笑）。

児島　だから履歴書を書くの大変だし、説明するのも大変よ。必ず聞かれる、これ何なんですかってね（笑）。僕大学浪人して、学部のときには一年バカやっているから、だから戻って来た時は三十。要するにこの業界でのスタートがずいぶん遅いのよ。だから、黒沢さんの方が大学院では先輩。

森　年齢でいうと私がエリクソンのことを知った時期とだいたい同じ。

児島　臨床家になろうというのはどれくらいから意識したの？

森　院が終わったときは考えていましたよ。学部のころは考えてなかったけれど。

児島　僕の場合、さっきも言ったけど、一応臨床家を目指しはしたんだけど、よくも悪くも、いわゆる哲学の影響がちょっとあるんだな。だからなんとしてでもスキルアップしてという気持ちもないこともないんだけれど、なんか自分がやっていることだとか、そもそもこういうことって何なんだという、そういうのが影響しているね。

森　哲学の中でもどのへん。何に興味をもってらしたの？

児島　哲学科の時の論文はライプニッツなんだよね。それもなぜライプニッツを選んだのかって言うと、文献が少ないから（笑）。もしカントなんかやったら大変だしさ。ライプニッツをどれだけ理解できたかというと疑問だけれど、ただテーマをふり返ると、どこか家族療法とつながるのよね、要するに個と全体を対立的に見るのではなくて、個と全体の関係というか。ライプニッツ的には予定調和的な面もあるんだけど、ともかく、僕のその後の臨床からすると、個と全体の折り合いみたいな、そんなところと繋がっているのかなと思っている。初期のシステム的な家族療法に出会った時は、それほどライプニッツを意識してはいなかったけど、今あらためてふり返るとそういうことがあるかもしれないね。

　それに家族療法といってもね、親子関係がどうじゃとか、家族そのものへの関心ってほとんどなかった。つまるところ、個としての家族メンバーと彼らによって構成されているシステムとしての家族という全体との関係の捉え方あるいは形式に関心が向いていたといえるかもしれない。

森　私は家族療法家ではないけれど、システムはどっちかというと嫌いやけれど、子どもが生まれたときやっぱ変わるな〜と思った（笑）。やっぱシステムってあるんやって。

児島　（大笑）

森　こんなところで変わるんだって。結婚生活は私に変化を何も出さなかったけれど、子どもができたらえらく変わったね。

児島　どのへんが一番変わったと実感したの？

森　嫁と姑の関係がガラーっと変わった。あそこにみんな出てくるみたいよ。仲良かったのに、もう孫ができた瞬間、えらい仲悪うなった。

児島　そう。僕はね、家族療法と言っても、さっきも言ったみたいに、最初から、家族それ自体にはほとんど関心なかったんだな。家族療法の中にもいくつか流派があるじゃないですか。最初の頃はミニューチンやヘイリー（編集部注＝ジェイ。ミルトン・エリクソンの臨床を分析してブリーフセラピーを作った）に関心があったけど、多世代派のボウエン（編集部注＝マレー。精神科医として家族療法の基礎を作った）みたいな、家族の歴史を辿って行くのってあまり関心がなかった。でもやっぱりここ十年くらいかな、自分と親の関係、爺さん、婆さんというこの多世代的な見方は、これは捨てたものではないなと思うようになってきた。そんな発言をすると、「児島どうしたんだよ」って言われるんだけれど（笑）。実際そういう風に考えていった方がいいようなケースに出会うようになったというのもあるのかもしれない。ただ、家族療法に魅かれながら、途中で、飽きちゃったというか、情熱が薄れたんだよね。

森　どこらへんから飽き始めたの？

児島　うまくいかないんだよね。要するに、理論通りやってもうまくいかないんだよ（笑）。

森　家族療法っていってもいろいろあるけれど、そのときは主にどのような理論を使っていたんですか。

児島　ミニューチン（編集部注＝サルバドール。米国在住の児童精神科医。摂食障害の治療にあたり、ランチョンセミナーと呼ばれる手法を開発。日本の家族療法界に影響を与えた）の構造派だね。ただ、そこに至るにはちょっと面白いエピソードがあるんだよ。大学院のマスター二年になるとき、霜山先生から都立駒込病院心身医療科外来での心理職のバイトを紹介してもらったの。今の大学院生ならありえない話だけど、ゆるい時代だったんだね。行ってみたら摂食障害の患者さんがすごく多いのよ。ちょうどその頃、さっき家族療法学会の前身の研究会に参加していたって言ったでしょう、その研究会で紹介された海外文献がそのミニューチンのランチセッションだった。日本でも七十年代後半くらいから摂食障害がワーッと出てきて、お手上げ状態になっていたでしょう、当時の厚生省が研究班をつくってやるくらいだから。「へぇ〜、クライエントと家族と一緒にめし食うのか」って（笑）。摂食障害についてもよくわからないままなんだけどさ、そんなこともあるのかぐらい覚えていた。そしたら、ちょうどその二週間後くらいに霜山先生からこのバイトの話をもらったわけ。で、バイトの初日に、そこの心療内科医が、日本心身医学のけっこう重鎮で、たまたま僕と同じ九州出身の河野友信先生というんだけど、「児島さん、うちは摂食障害の患者さんが多いけど、勉強しているか」って聞かれて、最近アメリカでこういう治療法があるらしいんだと言って見せられた論文が、なんと、ミニューチンのランチセッションだったわけ。「これ、ミニューチンっていう人ですよね、アメリカでランチセッションっていうのがあるらしいですね」みたいにこたえたら、君すごいって、よく勉強しているってなって（笑）。

それで結局、見様見真似が始まった。どっちかというと親の方が熱心で本人の方がしぶしぶ来るケースが多かった。なので、河野先生が本人を診察している間、母親の面倒みてくれないかということになって、ばんばん診ていった。それで駒場病院は一年弱いて、後は心身医学系とつながりができた。その後、河野先生の紹介で都内の梅田病院に移ったの。そっちもまた摂食障害が多いわけよ。それで一生懸命やったけど、あんまり芳しくなくて（笑）。

森　ミニューチンの言ってる通りやれへんかった。

児島　やれへんかったな。そこまでパワーがないんだな。

森　パワーなの。

児島　あれはパワーがいるって、当時思った。パワーというとちょっと語弊があるかもしれないけれど。それと一方で、さっきも言ったように、僕には、これというところで突出していかないところが弱いところなんだけれど、よしじゃあこれ、徹底してやってみようと、その気になってミニューチン本人のところまで飛んでいって勉強するくらいのパワーがあれば全然違うんだと思うけれどね。大学院時代に霜山先生から読まされた文献の中にビンスワンガーの有名なエレン・ウェストいう女性のケースがあるんだけど、このケースを通して女性の精神世界みたいなのを知ってしまうと、哲学の影響もあるのか、どうしてもクライエントの実存っていうのかな、そういうのに関心が出てくる。こう言ったらなんだけど、治療的にはあんまり必要じゃないところに関心が行ってしまう。なんか中途半端なんだよね。もちろん治そうみたいなのもあるにはあるし、その意味じゃ、ミニューチンのはすごくためになるんだけど、摂食障害の場合も、食というものの持つ意味とか、それは人間存在にとってなんだろうなんてみたいな、そういうテクストが目に入ると、そっちがだんだん懐かしくなっきて、そっちにすーっといっちゃう。

だから、二〇〇一年に環太平洋ブリーフサイコセラピー会議を大阪でやったときに、ヘイリーを呼ぼうって一生懸命頑張ったんだけれど、さすがに年くっていたから、本人から日本に行くのは無理だって言うんで、たしか『ブリーフサイコセラピー研究』誌に載せたと思うけれど、「若きセラピストに贈る10の質問」っていうのを書いてくれたじゃない。それ読んだらまさしく俺みたいなセラピストはダメだって思ったね（笑）。

森　あれ、みんなで読んだよね。

児島　やられちゃったよ、あのとき。ヘイリーいわく、要するに、セラピーには哲学的な人間論にみたいなものは邪魔だって。なんか身につまされる感じでね、結局俺はセラピストとしてはダメなんだよな～みたいな（笑）。かといって理論的にきちんとしたものが一つ書けるかといったらそうでもないし、非常に中途半端でさ。

受動的臨床スタイルを超えて

森　今回、いろんな人と話してきたけれど、治そうなんて思って始めた人はいなかったよね。

児島　治そうっていうか、なんとかしようみたいないなのはあるよ。

森　みんな患者さんやクライエントのことを面白がってはいたけれど、患者さんを治そうという人は私も含めていなかったよね。私の場合は完全にこういう素敵な人は治しちゃいけないくらいの感じでやっていたから。

児島　でも、大学院時代に叩き込まれている受動的な臨床スタイルから、ディレクティブに能動的にセラピストは動いていいというのがあの頃の僕にはたしかに衝撃的だった。抵抗感がないわけではなかったけれど、あんなふうにセラピスト自身が動いていくということもあるのか、みたいな。さっき、一九九五年の福岡大会で赤字出さなかったらブリーフが広がらなかったかもしれないというのと同じように、僕が大学院の時に誘われた研究会にもし行っていなかったら、ぜんぜん方向性が違ったんだろうなという気はする。でも、それはそれで悶々としていたんじゃないかな。

森　結果的には産業場面のセラピー、三菱造船にいた時代が長かったわけやん。

児島　いや、そうでもないよ。あそこには結局四年しかいなかったよ。産業の話は、東京時代、結局マスター出た後。

森　四谷の事務所？

児島　あれはマスターを終了してドクターに残ることにしたときに、知人から紹介されて、産業メンタルヘルスのサービスを提供する会社を起こす人がいるんだけれど手伝ってくれる人探しているっていうんだよね。その人は、元々ジャーナリストなんだけど、八〇年代に入る頃からストレスの問題がだんだん言われていた頃で、サラリーマンの悲惨さを考えたとき、自分なりにいろいろ調べて、メンタルヘルスのサービスを自分でやるって言い出して、僕が手伝うことになったの。ただ、当時は、僕にとって役に立つような産業メンタルヘルスの教科書は何もないのよね。調べてみると当時、心理でポツポツいくつかの企業に非常勤みたいな形でやっている人が何人かいるだけみたいな状況。そのとき、一番手引きになったのが、『コミュニティ心理学』の慶応の山本和郎先生の本。お元気なんですかね？

森　まだ生きているよ（編集部注＝山本先生はこの対談の後、二〇一六年に他界された）。

児島　もうおいくつ？

森　相当なお歳だよね。

児島　そうだよね。

森　私も山本先生に呼ばれて非常勤講師で、慶応で二、三年ブリーフを教えてた。

児島　そうなんだ。山本先生は家族療法学会の会員でもあったのね。それで確か一九八六年だと思う。東京大学出版会から山本先生が出された本が『コミュニティ心理学』なんだけれど、あれの中で初めてキャプランのコンサルテーションモデルを知るんだよ。そういうの、少なくとも大学院ではぜんぜん知らなかったから。それでへぇ〜っと思ったね。こういうふうなやり方っていうのがあるのかと。これはそのまま産業場面だけではないけれど、使えるモデルだと。

森　本、持ってきましょうか、ありますよ。

児島　あります？　そうそう、そうそう。これですよ。間違いない初版一九八六年だ。５刷まで出ているんだ。すごい。でもそんなに変わっていないだろう。これ５刷で少し変わったかな。

森　５刷が出たのは、二〇一三年かな。

児島　（本を開きながら）俺も同じところに線引いてあるわ。だからこれで産業の場面でやるのにまったく違和感なかったね。でも最初の産業臨床は外部にいたから、よかったんだけど、でもその後勤めた三菱重工長崎造船所の場合は社員として中に入っているでしょう。するとね、ちょっとまた工夫せにゃいかんのね。

今、うちの大学で、いわゆる地域貢献というので、サテライトキャンパスを街の中心地につくって、そこを拠点にして地元の産業メンタルヘルス始めたんだけれど、すごくニーズが高いんだよ。宣伝しないけれどさ、来る来る。一昨年からは、院生たちにもこういう枠組みの支援もあるんだということを伝えたくて教えているんだけど、院生は、一方でガッツリ個人療法のカウンセリングやってるから、やっぱりすごく戸惑うみたいだけどね。院生には早すぎるのかなと思うけれど、いや実際に今現場に入ったときに、面接室で一対一でやるだけでいいカウンセリングの場ってまずないからね。あるケースに対して、いろんな関係者を絡めていかないといけない現実がますます出てきているんで、そういう点で産業臨床は一番わかりやすいとも思ってる。

森を語る

森　どのくらいのお付き合いになるか？　まあ二十何年ね。

児島　ブリーフの学会のスタートの時からだからね。

森　そのときから私のことを見てきてくださったわけやけど、最初の印象から今までの遍歴を含めて、最初どんな奴な～というふうに思って、今はこんな感じになったんやみたいな、児島先生から見た私の印象、人間的な部分および臨床活動、両面での印象をうかがわせてもらえる？

児島　そうだね。最初の頃は、それこそお芝居やっていたという話でさ。実際、関西学院大学でやったブリーフの第三回大会のシンポジウムでは、演劇とサイコセラピーみたいなテーマだったよね。どうして僕の周りにはヘンなヤツが集まるのだろう、というのが最初だよね（笑）。当時すでに、東の森、西の東だったからね（笑）。変なやっちゃな～というのが最初の印象かな。

森　芝居やっているからね。

児島　芝居やっているとそうなるものなの？　実際に森さんが芝居やってるのは見たことないけど。当時やっていたんだっけ。

森　やっていない。

児島　そうか、そうか。

森　もうちょっと具体的に言うと、どこらへんがヘンだったの？

児島　そうね、人との距離の取り方が独特だよね。なんて言ったらいいのかな、僕の感覚からするとちょっと寄せ付けないみたいな。ワーッて仲間でつるむという印象はなかったね。だからそういうスタンスが臨床にどんなふうに出るのかなというのを想像したりした。西の方のへんなヤツの筆頭の東は、あいつはズカズカ入ってくるんだよ（笑）。いい加減にしてくれっていうくらいさ（笑）。そういう意味では非常にコントラストな二人がいたね。でも、いつぐらいからか、そのへんの感じが少し変わってきたのは、ぶっちゃけ黒沢さんと一緒に仕事するようになってからちょっと違ってきたような気がする。そういうの自分である？

森　それは大きいですよね。

児島　大きい。もう何年になるの？

森　一九九八年からだからもう十八年、二十年近い。

児島　そうか。

森　一九九六年から黒沢さんと知り合ってるから。

児島　自分的にも変わった印象あるの？　さっきも言ったけど、僕も森先生との距離感をどうしたらいいもんかって思ってたからさ。

森　自分でも最初からそのへんはなんとかせんといかんと思っていたけれど（笑）、ブリーフを始めて、事務局長に最初からなったから、状況上、圧倒的にニーズが高まったわけや。一人でやっていたときも自分なりには頑張っていたけれど、で同時に自分のことも目立たせないといけないからね。皆様のためにいるだけでいかに事務局長であろうとするか、森をアピールせんといかん。私、先生方から比べると遅れていたからさ。家族療法をやっていないし、ブリーフについても私は何も知らなかったんで。私が知っていたのは芝居とエリクソンだけ。なんで、一生懸命勉強しながら、しかも事務局長として一応まとめていくというポジションだったからね。一人でももちろん頑張ってはいたけれどいかんせん、どうやったらそういうことができるのかっていうスキルをほんとに知らなかった。

児島　でもあれは宮田敬一さんの丸投げなんだろう。「森さん、やって」みたいな。

森　そうそう。

児島　…………。

森　それを黒沢先生と一緒にやるようになって一つはスキルが身についた。こういうふうにして動けばいいんやって。だいぶ学んだよね。後は気負いが取れた。頑張っているとどうしたって力むからギクシャクしちゃう。

児島　そうそう。

森　黒沢先生と組んでから、自分の苦手な部分はもう黒沢幸子にちょっとお願いみたいな感じでやってもらって、自分はわりとゆったりと自分なりのペースでやってもそんなに角が立たなくなって、余裕が出てきた。またある程度自分でもできるようになったし。やっぱ余裕ができたというのは大きかったと思う。

児島　そうなんだね。そういう意味ではかなり突っ張って、なんとかしなきゃというのが当時はあったんだ。

森　最初はね。だいぶ遅れていたからね、皆さんより。

児島　そう言われてるこっちにしたってね。あの頃、みんな三〇代だからね。宮田、僕、白木が昭和二十五年生まれ。

森　その次に昭和三一、二、三年生まれの我々。

児島　そう言えば何年か前に森先生が書いた本を何冊か送ってくれたじゃないですか、本当にシンプルでわかりやすいね。うちの院生たちに読ませたら、面白いことを言うんだよね。わかりやすいというのが不安なんだって（笑）。難しかったら難しかったで文句言うくせに、逆にわかりやすくシンプルで無駄がないと不安になるというのはどういうことなんだろうか。でも、森さんの文章を読んでいると、時々裏返しのように晦渋な文体が出てくるんだよね。なんかもってまわった言い回しのような。

森　ほっとくとそうなるの。

児島　ほっとくとそうなるんだ。

森　だからものすごく意識する。ものすごく遅筆やから、何回も書き変えていく。
児島　そうなんだ。
森　読んでる方はサラサラッと書いているように思われるだろうけれど。
児島　あそこまでするには。
森　ものすごい校正しているもの。
児島　校正段階のやつ見たいね。
森　最初書き流していると必ずくどくなるし、分量が必ず多くなる。
児島　そうそう。
森　それを削りに削って、カンナで削るみたいな感じ。だから出来上がりは割とスッキリするんや。
児島　それでもね、これ森節だよねというのがあるのよ。セラピーのプロセスとか説明とかって本当にすっきりなっているけれど、でも最初のイントロとかさ、ちょっと斜に構えたようなね（笑）。正面からは言わない森節があるものね。

気質論

児島　気質とか言い出したのは最近やったっけ？
森　言い出したのは古いけれど、パブリッシュしているのは最近かな。それでももう十年くらい前。学会で一番最初にやったのが青山学院大学の大会の時で、あれは学会で気質論をデビューさせた年やね。二〇〇八年だったか。

児島　へーって思ったけれど、そのまま僕の方も触れないままできたからさ、今日初めて、あの中身というのを教えてもらおうと思った。

森　そうなの。

児島　気質ってテンペラメントだよね。

森　そうそう、テンペラメント。クレッチマーの気質論（編集部注＝クレッチマーは性格と体型に関係があるとして、性格傾向を六タイプに分類した。神経質タイプ、粘着質タイプ、顕示質タイプ、偏執質タイプ、分裂質タイプ、循環質タイプ）が一応母体にはなっているかな。あれの修正版が森の気質論で、循環気質の中身を変えた。循環気質でクレッチマーはバイポーラーの病前性格を出してきているけれど、私はモノポーラーの病前性格で一応つっているので、だから中身が違う。下田の執着気質とか、テレンバッハのメランコリー型に近い。

児島　気質論というクレッチマーの古典的なものに着目していったというのはどのへんからなの。

森　一つは診断学。若い頃、私が一番よく誤診してたのは癲癇なの。癲癇を間違う、癲癇を見つけられない。癲癇が見逃された形で自律神経失調症とか、だからカウンセリングをよろしくねみたいな形で心理療法にリファーされるから、こっちもわからんからね。

児島　わからんけれど、よっしゃって。

森　そんなもんかいって思って取り組むんだけれど全然よくならんわけよ。あとでなんかのきっかけでクライエントの脳波をとってみたら脳波の異常がみつかったりする。それで薬飲んでもらったら一発で治るとかいうようなことを若い頃に何度か経験している。だけど癲癇というのはあらゆる症状形態があって、あらゆるものが出てくる可能性があるやん。脳のどこの部位で過剰放電が起こるかによって癲癇の症状は出方が違ってくるので、こういう症状を出してきているからこれは癲癇であるというふうに診断することができない。だから症状の出方ではないところで診断をつけないといけない。

児島　ふん、ふん。

森　それは何なのかということを考えてみたときに、訴え方が他の患者とは違う。しつこい、くどい、同じことをずっと言っている。論理的に発展していかない。グルグルグルグル渦巻いている。それが連続的に変化するということがない。

児島　螺旋的にいくんだったら別だけれど。

森　どんな症状であろうとも、そういう訴え方をする人はとりあえず脳波をとるという形でやり始めてからは、癲癇を見逃すことがなくなった。

児島　かなり多いんだっけ。

森　人口比の1パーセント近く。これは、ちゃんと診断がつく人という意味やからね。脳波上にも明らかに出てきている人、その傾向のある人、脳波にははっきりとは出てくるほどではないけれど、そういう人も含めたらどれくらいか、それの研究はされていないからわからないけれど。それこそ10パーセント、20パーセントくらいなっても不思議はないよね。

児島　これは案外、強迫性格だとか、心理的な何かがひっかかっていて、そういうところに焦点化して、一生懸命やっているケースの中には、かなりの割合いで癲癇があるかもしれないわけだ。

森　そう。他の診断をつけているかもしれない。とにかくぐずぐず同じような展開が場合によっては何年にもわたって続いているというんだったら疑った方がいいよね。それで、これってクレッチマーの言っていた粘着質やないかと思った。それまで一応知ってはいたけれど、臨床で使っていなかった。

児島　まあ、使わないわな。

森　気質っていうのはちょっと見直す価値がある。それでもう一回、分裂気質も、循環気質もちょっと考え直してみたわけ。循環気質は、クレッチマーさんが言っているように、バイポーラーではなくて、躁とうつとを両方出してくる人は気質的には粘着なのよ。モノポーラーのうつというのはまた別の脳の構造をもっているというのに気付いた。私はバイポーラーも見逃さないよ。

児島　ふん、ふん。

森　今ものすごく混同されているよ。バイポーラーのうつとモノポーラーのうつが。そこの鑑別ってすごい簡単な話なんやけれど。

児島　知らん知らん。

森　簡単なんだけれど、多くの医師や心理の人はそれを見てとれない。最初のエピソードがうつで来院してきた場合、このうつがどっちのうつなんや。多くの患者はうつで病院にきているから、「うつなんだろう」から始めるよね。そうするからうつ病とか、慢性うつ病とかだいぶごちゃごちゃして抗うつの医療的対応をされてしまう。

児島　即ね。

森　で、ごちゃごちゃした治らない状態を作り上げてしまう。最初から気分安定薬で入らんといかん。精神療法をやるとき、患者さんのことをあんまり慮って丁寧に丁寧に、あんたのために言ってあげているんだ的なやり方をする。循環気質だったらその対応でいいんだけれど、粘着気質にそれやっていると噛みついてくるからね。

児島　なるほど。

森　あんまり「変われメッセージ」から入っていくと、必ず反発しくるから。意地でも変わらないよってね。

児島　で、バイポーラとモノポーラの鑑別のポイントは。

森　一言で言ったら粘着はバイポーラ、循環がモノポーラや。気質で言うと一言で済むねん。粘着の患者さんがくどくうつを訴えていたとしたならば、これはバイポーラだなと思えばいいし、循環気質の方がうつを訴えていたら、これはモノポーラやって。そのときは安心して抗うつ剤から入ってもいいし、いわゆるうつの精神療法をやればいい。

症状論でいってもそんなに複雑ではない。バイポーラのうつっていうのはまず落ち込みが、モノポーラのうつよりも急激なんですよ。モノポーラのうつは急性にうつになるので、やはり一カ月から二、三カ月かけて落ちていく。それでも十分急性なんだけれど、短くても一カ月やね。でもバイポーラのうつってもっと短い。ドーンと、それこそ二、三日、あるいは一日。今まで機嫌ようしゃべっていたのが、「あかん、死にます、私」みたいな感じにポーンって落ち込む。その度合いが急激で、ギャップが大きい。ジワジワこない。あとはかなり他罰的や。もちろん自分のことを自分はあかんのですと言うけれど、同じくらい、あるいはそれ以上に周りを攻撃してくる。あの会社のせいで、あいつのせいで、自分はこうなっているというふうに。

児島　それはバイポーラーね。

森　そうバイポーラの粘着。あと非常に衝動的なので自殺の手段が過激や。やるときは致死率の高い手段を選ぶ。自殺っていうとうつやけれど、その中でも自殺しているのはバイポーラなんだよね。モノポーラのうつはなんだかんだ言って生き残るんですよ。実際死んでいるのはほとんどバイポーラ。

児島　これは精神科医たちもあまり注目していない、研究もないの、今の森さんの話。

森　わかっている人はわかっているというか、多分私と同じで論文書く気にもならないくらい当たり前の感覚やと思う。でも見ているとわかってない人が多い気がする。

児島　多いやろう。僕も初めて聞いたけれど。

森　今言うたような特徴って全部粘着質、衝動性の高さとか。

児島　これは要するにエピレプシーに近いというヤツやな。

森　そうそう。バイポーラの場合だったら脳波をとっても脳波異常のはっきりした形は、もしかしたら出てこないかもしれない。

――せっかくのなので分裂気質の話も教えてください。

森　シゾイド（分裂気質）の何が聞きたいの？

――症状としては統合失調症ですよね。

森　対応している病気は統合失調症。

――森気質論における他の気質は？

森　あと一つはヒステリー。森の気質論ではヒステリーを加えた。

児島　それはもともとクレッチマーには入っていない。

森　入っていない。シゾイドが統合失調症だよね。循環はモノポーラのうつ。昔のドイツ精神医学でいうきれいなうつというヤツ。マインドディップレッション、ではなくて、ラインディプレッション。それの病前性格の気質が循環気質。それで粘着気質は癲癇およびバイポーラ。ヒステリーが、私は診断つけないけれどもボーダーラインとか解離性障害とかいわゆるヒステリー症状出してくる人たちは、ヒステリー気質が強いよね。ヒステリーも症状だけでは、絶対診断つけられない。ヒステリーはなんでもできるからね。

児島　はい、はい（笑）。

森　すべての症状を彼らは出せるので、そこで症状で囚われていたら診断を間違うよね。で、ヒステリーに薬は効かへんから。増悪こそさせても。

児島　だから病前性格というパーソナリティの概念と気質、テンペラメントの概念は違うんだよね。

森　違うね。

児島　パーソナリティというのは心理学的な概念で、気質っていうのはもっと身体性がベースになっている。体つきだけでなく、おそらく脳の構造もあるんだろうけれど。ところが、今では、心理主義的なパーソナリティ論ばっかりになっちゃう。僕にすると、そういうのって、どうなんだろうーって思っちゃう……（笑）。

森　でも、パーソナリティ論自体が気質論に対抗して心理学領域の学者たちが発展させてきたというものやから、心理学者はそっちでものを言うよね。

児島　僕はあんまり意識せんね。パーソナリティ論が役に立ったことはあんまりないから（笑）。

森　私が気質論を言うときの二つ目の理由は、対応をちゃんとセットさせている。そういう気質を持った人が来たときに、どうこっちは接したらいいのか、ちゃんとセットになって表に示されているわけよ。なので単なる分類論ではない。

児島　そうなんだね。

森　だから非常に実践的である。

児島　それにフィットする形の対応がある。

森　そうそう。例えば粘着であれば、連続的移行は無理なので、（人さし指をくるくるさせながら）渦巻きの位置をポーンっと飛ばすしかないわけですよ。粘着の強い人ってこういう変化しかしないの。ここで渦巻きやっている、ここに寄り添って話を聞いて、これをちょっとずつズラしていこうという関わりは無効になる。

児島　うまくいかない。

森　ここで渦巻きつくっているときは、こっちは絶対傾聴するわけや。その渦巻きはここで、話は動かないから、聞き逃すということはない。最初の挿入部分を聞いていれば十分で、あとは寝ててもいいねん、ちゃんと頷いて付き合ってさえいれば（笑）。

――聞いている様子であれば。

森　そうそう、そうそう。寝てる方がいいかもしれない。下手に言葉かけるとそれに反応してもっとどんどん渦巻いていくからね。絶対傾聴していりゃいい。人によってどれくらいしゃべっているか時間はいろいろやけれど、それでも絶対傾聴していると二十分か、二十五分で一旦止まるで。下手に言葉いれるといくらでも長くなるけれど。

児島　止まったところで。

森　こっちが別の渦巻きつくる。あなたの話、こういうこと思って聞いていたんだけれど、みたいな感じで、本人が食いついてきそうな、でも今の訴えとは直接関連のない話を、今度はこっちが一方的にしゃべる。それではまれば、面白そうやんって今度は患者の方がじい～っと食いついて、一言も発せないで傾聴する。ほれでこっちがこういう話でねと。ある昔、予備校生の患者さんに、東さんの本の終わりに書いてある仏教説話をいきなり喋り出したことある（笑）。

児島　（笑）ドラマツルギーというか、場面転換みたいなもんだよね。こんなの伝統的なカウンセリングの中にはまず登場してこない。

森　何にも彼の症状とは関係のない話。でも彼はある宗教の信者だったので、とりあえず仏教系の話は彼には入るんやろうと思ってさ。カウンセリングの直前に読んだ東さんの本をバーっとまとめて話したわけ。それが彼にとってどういう影響を及ぼすのか知らんけれど、とりあえず彼の話を止められることは間違いないねん。その話をしたら、やっぱり食いついてくるというか、傾聴してもらえる。

児島　向こうが。そうか……。クライエントがセラピストの話を傾聴してくれる、これは完全に伝統的なカウンセリングの盲点だな。君らわかるかって聞いてみたい。これにお偉い先生方ってどう反応するのかな(笑)。

森　それで、そんなこと思ってあなたの話を聞いていたって東さんの仏教説話を話したら、最初はつらそうな感じだったのが、話が終わってしばらく間があって、わかりました、そういうことだったんですねって。そう言ってもう二度とこなかった。悪い意味じゃないよ。そして大学もちゃんと受かったよ。授業に出られなかったヤツやけれど、それ以来、ちゃんと授業に出ているのがちゃんと観察され、合格発表の名前も載っておりました。これが粘着対応。多くの人は粘着の人と議論しているんだよ。そんなことするから治らへん。

児島　思い出してきた、俺の失敗（笑）。

――発達障害というのはどういう枠組みをつながっているのですか。

森　発達障害はまた別軸。

――ぜんぜん角度が違う軸。

森　思い切り引き寄せて言えないことはないけれど、ＡＤＨＤは循環、ヒステリーの極度系。自閉症スペクトラムはシゾイドと粘着の極度系と言えなくもないけれど、それよりはＡＤＨＤでしょう、ＡＳＤでしょうって言った方が早いやん。だから別軸で考えた方が実践的やね。

森の気質論は四軸やけど、いかようにも立てられるんよ。その脳の体質もあるからね、気質というのは脳の側面からどうみるかによって、あなたの脳はこういう体質もってはりますねって、いろいろ言うことはできる。自分にとって使いやすい軸を使えばいい。全く無軸でやってアセスメントしろって言われたら大変やん。だから使いやすい軸があればいいやろうと思って開発してきたわけ。一応対応もセットしてあるので、この四軸さえ知っていれば全ての患者さんに対応できる。

——依存とかは。

森　依存って何？

——アルコール依存とか。

森　それはいろいろや。いろんな人が依存になるので、症状でみるというよりも気質でみる。

児島　それが、しゃべり方とか訴え方なんだよね。

森　そうそう。そうそう。

児島　まあ、森さんのようにそこまではいかないんだけどさ、僕の大学院でのカンファランスで、院生がケース検討に症例を出すんだけど、今一つクライエントの人となりというか、その辺がよくわからない。そういうとき、こう聞くんだよね。「どんなしゃべり方していたそのクライエントは？　ちょっと真似てみて」って。でも真似られないんだよね。こういうこと言っていましたっていう報告ばかりで。こっちも少なくともどんなクライエントなのかを知りたいから聞いているんだけれど。モードをちゃんと知りたいもの。

森　しゃべり方はすごく大事なポイントやけれど、しゃべらさんでも見ただけでも外見上の特徴だけで観察するんや。

児島　外見で。

森　クレッチマーが言うたのは、シゾイドはその通り、粘着もあの通りや。循環を肥満型と言っているけれど、私の分類では肥満は粘着や。肥満までいくためにはそうとう食わないといかん。衝動性が強くないと、肥満まではいかない。

児島　単に食べるのが好きだぐらいではそこまでいかないと。

森　そうそう。森の循環気質は肥満まで含めているんだけど、そんなこと言っている人はいない。肥満の人みたら粘着を疑う。循環の特徴はやわらかさで、シゾイドは固さや。

児島　そうやね。

森　粘着はどっちかというと固太りの印象なのよね。筋肉質と闘士型というのはその通りや。粘着が入ってないと絶対筋肉は育たない。

児島　確かにね（笑）。

森　毎日トレーニングしないと筋肉って付かないし、維持できない。毎日トレーニングできるということが粘着気質や。

児島　僕とはほど遠いな。

森　あとはファッション。これも要するに行動の選択や。選択しないということを含めて選択やからね。シゾイドは基本的にどうでもええ、そしてシンプルが大好き。コテコテしたもの好きではない。色ものもあまり得意でない。だからあっさりしている。おのずと持っているものも少ない。循環は色系大好き、服の数も多い。なんでかというとＴＰＯに合わせるから、場面に合わせた服を選ぶ。そうすると必然的に服の数が増えるよね。粘着はすごいこだわりなので、服装に対して何かこだわりをもっているなら、本当にそのかっこうばかりしている。一般的な傾向としては色的には黒が好きだし、素材的にはレザーが好き。帽子がなぜか好きや、かぶりものやね。ライダースファッション、あれは粘着のモードやね。

児島　ライダースファッションね。

森　メタル系もそうやね。女性の場合はエスニックや。
児島　そうなの。
森　女性の粘着はエスニカルな格好している。もちろん、女性のライダーもいるけれど。エスニック系は粘着やね。どこの民族でもいいけれど。
――ヒステリーは。
森　ヒステリーはとにかくファッショナブルや。脳の働き方によって服装の選び方とか違ってくる。
児島　色彩の感覚とかね。
森　シゾイドはとにかくシンプル、ゴチャゴチャすると発症するので、発症させないために常に脳はシンプルで、混乱していない状態を保とうとする。だから経歴なんかいたって、私の履歴書みたいにシンプルにどこにも移っていない（笑）。黒沢幸子は履歴書だけで十ページはあるからね（笑）。
児島　（大笑）
森　あんな人生、シゾイドにはよう送らん。シゾイドはとにかくシンプルや。だから文章に無駄がないというのはそういうところからきているわけや。
児島　そういう目でみたら編集者は面白いかもしれないな。
――明日からそんなところにばかり目が行きそうです。
児島　気質論を教育に取り入れられないかな。
森　それは簡単ですよ。気質論のプリントを差し上げますから（笑）。
児島　いただいていきます。

ブリーフの効果

森　児島先生は現在のところブリーフセラピーの効率、効果、時間についてどういう結論をもっている？　ブリーフ学会の設立趣意書にあるんだけど。

児島　そうだよな、あれを一緒に作ったんだよな。

森　流派を乗り越えて……から二十年以上やってきたわけや。児島先生はどういうところまで到達しているか。

児島　難しい質問だな。……僕自身の心理療法がどこまで到達しているか、自分ではわかんねえな。

森　こういう面接が効果性が高くなったとか、こういう面接が効率性が高くなるだろうとか、面接の短期化にはこれが大事やろうとか、何か一つでもある？

児島　あえて一つ言うと、当然対比というか、オーソドックスな伝統的なモデルと対比したときに、ブリーフはやっぱりこちらが尋ねるっていうことやな。本当にシンプルなことなんだけれど、こう私は考えているけれど、どうだろうか？みたいな、本当に単純な話。例えばグループの事例検討会やらで、きっとクライエントはこういうふうに感じていると思いますというから、ああそうですか、じゃあ、あなたが感じたことをクライエントに聞いてみたのって聞くと、「いや」「えっ？」というのが多いんだよね。僕はそれじゃないかなという気がするね。他には、なんかうまく話が噛みあいませんねとか、そういうことをシンプルに言えるかどうかみたいな、そういう気が最近している。それなりの経験を持っている人たちに呼ばれてワークショップに行くんだけれど、そういうところでもそこが一番気になるね。それだけできればずいぶん違うのにっていう思いがある。でもね、聴衆からは「そういうことがよく聞けますね」というのが返ってくるんだよね。「そういうことを聞くのは失礼になりませんかね」とか（笑）。ため息が出ちゃうよね。あくまでクライエントの話の中で感じたということだから、「私はこう感じたけれどどうですか」というのは、むしろ交換の原則だろうみたいに私は思うわけ。あちらのオーソドックスな世界では、なんかすごい神話がやっぱりあるのね。で、そうするとそれは先生だからできるんですよで終わっちゃってさ。

森　あともう一つくらいなんかある？

児島　まだよくわからなくて、テーマになっているんだけれど、その場その場で面接しているときに、当然いろんなことを考えながらクライエントの話を聞いて、これとこれに当てはまるとか類型化して聞く場合もあるでしょう。それと一方では、他ではないこのクライエントの非常に個別性というのかしら、その間を行ったり来たりしながらするんだよね。これがむしろ、逆に森さんに聞いてみたいところなんだけれどね。それをあんまり意識するとその枠にこっちがはまってしまうので、このケースどっかで聞いたケースと似ているねっていうのがあるでしょう。そうするとあのときこうだったな～とか思いながら、じゃあまたそれを応用してみようかと。それでうまくいく場合もあるし、そうならないこともあったり。経験が積まれてくるとそういうのが確かにあるんだけれど、そういうのってどうなのかなって、最近自分でもちょっとわからなくなる。何かコメントください。

森　個別性と類型化ね。

児島　さっきの気質論は類型化だけど、非常に大きなツールになるというかね。

森　ミルトン・エリクソンは個別性を強調したよね。

児島　類型化したらいけないみたいなね。

森　枠で人をみるなというふうにエリクソンはした。だから森の気質論は批判に曝されるべきなんだけれど、枠とか類型とかあると圧倒的に便利なのよね。ソリューションでも面接はフォーミュレイトされている。

児島　あるいはクライエントに委ねるというか、クライエントに目を向けるというか。

森　そういうのあると便利やん。そこらへんの折り合いというのは臨床の中では一つのテーマになるよ。私の場合、どういうふうに落とし込んでいるかというと、類型化を何のためにするんやということ。

児島　そうそう。

森　類型化には、基本的にクライエントをここの枠の中で理解できるというのがある。でもこの枠組みが外れているところって必ずそのクライエントさんって持っているわけよ。それがこのクライエントさんのやりにくさや。だから枠を全くなくしてみると、逆にユニーク性、個別性って見えない。何かの枠に当てはめて、外れているところがユニーク性や。ユニーク性を見つけるために枠を使うんやったら何の問題もない。もちろんその枠組みの中で十分通用できるものは枠組み通りにやればええし、そこは目の前のクライエントの場合はちょっと変えなければ入らないという場合は、そこをうまく工夫するとかいうような使い方だよね。あとは時間の問題やね。早打ち、早出ししなければいけないときはやっぱ枠を使うね。

児島　やっぱり枠を使わないとだよね。

森　将棋やるとき、一指し三〇秒打つと、いちいち全部の手は読めんから絶対枠で行く。九時間あるならとことん読むよ。

児島　あらゆる可能性を読むよね。

森　その違いかな。普通の面接の時間が、もし一時間とれれば。

児島　一時間、長いんだよね。

森　あるいは一時間以上とれるんやったらこれは十分に時間があるので、個別性重視でやれる。十五分以内になるとやはり早指しになって枠でやっちゃう。三十分が一番微妙だね。

児島　これ面白い話だね。今の話でいうと、昔、九大にいたときに関連病院の応援で二週間に一回行くんだけれど、朝九時から夕方の六時まで最大十五ケースくらいを一人だいたい一〇分くらいで診るわけ。そういうトレーニングは、オーソドックスなカウンセリングの中ではまったく受けていないから工夫するしかない。きちんとそういうデータを比較すると面白いのかもしれないね。時間をかければかけるほどいいかというと、そうでもないという結果が出るかもしれない。病院以外でも危機介入で学校へ入ったときに、ハイリスクの生徒だけ集めて本当にブリーフにポイントだけやっていくというのもやらされたことあるけれど、個別化と傾聴だけではなかなか難しいんだよね。だからそういう点では時間によって今言ったような選択が必要になる。よく、カウンセラーを、じっくりタイプとそうではないタイプとかに分けたりして、前者は奥の院型って古い言い方するけどね。でもそうではなくて、今言われた通り、時間に合わせてどうするかということの重要性について、新しい示唆もらった気がするね。

印象深いケース

児島　月並みだけれど、森さんにとって一番印象深いケースってあるの。

森　いくつかあるよ。一〇個くらいあるかな。

児島　一〇個あげてもらうのは大変なので、あえて一つ印象深いケースをあげてもらうのは難しい注文かな。

森　どれをあげるのかが難しいかな。

児島　今までこの質問はなかった？

森　今まで質問にあったからその都度あげてきたから、それ以外では日心デビューした事例は私にとって印象深いケースよね。平木典子先生を乗り越えた。鵜養啓子や鵜養美昭、その何列か後に黒沢幸子がいたらしい。

児島　福岡での日本心理臨床学会？　僕も行ったかも。

森　一九九五年かな。

児島　ブリーフをちょうど福岡でやったときか。

森　日本心理臨床学会での発表デビューなのよ。おかげさんでデビューにしてはたくさん人が集まってくれて。

児島　でもなんでそんなにたくさん集まったんだい。

森　座長が平木典子さんやったから。

児島　そうか、そうか。

森　当時、私の名前なんか誰も知らないから。

児島　確かに。

森　そのケースは副題が種をまけばシーリング――花開く（種まけば花開く、つまり、エリクソンのいうシーディング）というケースで、だれがＩＰ、みんなＩＰ家族との家族セッション。わざわざ家族療法という言葉を使ってない。この頃、家族療法に私は抵抗をもっていたから。家族療法とは呼べないし、呼ばないと。要するに長男が重篤な精神疾患で入院歴があって、お母さんが多主訴のいわゆる神経症で、妹が不登校。三人家族。お父ちゃんは何年か前に亡くなっている。そこから家族ひきこもり状態になって、誰がＩＰかわからない、みんなＩＰ。今は北海道にいる山田秀世先生（編集部注＝本書2章の対談者）からリファーあって山田先生に勤める病院へ行って。病院の集団療法室で、山田先生はモニター室でカメラ操作して、私が家族療法やっているという構図。山田先生が長男の主治医で、お母さんもゴチャゴチャうるさいし、かなり依存してきているし、これで一番しっかりしている妹までこのたび不登校になりましたと、という感じ。これは一人ひとり扱ってもラチがあかんから、森ちょっと家族療法やってってって話があったの。

児島　へえ、そういう出会いなんだ。僕はそのへんの経緯全く知らなかったから。

森　その前から八丈島に一緒に行っていたんだよ。八丈島で地域精神衛生活動をうちの教室と組んで一緒にやっていたんだ。

児島　そういうつながりなんだね。

森　ホテルでしゃべってると山田先生も面白い先生でね、森田療法の話、こっちはエリクソンの話。森田が言っていることと、エリクソンが言っていること同じじゃないか、面白いねって、盛り上がって。そんなつながりで、実際病棟の患者さんも診たことある。他の人からくるケースよりも精神科医からリファーされるケースって圧倒的に面白いんで、メッチャやる気出る。

児島　やる気が出る、そうなんだ。

森　どんな観点からもこのケースって発表することができるって。このときは一応シーディングということでまとめてみましたという発表内容。神田橋さんからはちょっとケチつけられたけれど、なんでせっかくできるのにシーディングなんてやるか、みたいな（笑）。

児島　（大笑）

森　ちゃんとやれているのに。

児島　理屈を言うと半減でしょうみたいな（笑）。

森　でも褒め言葉として一応（笑）。

児島　神田橋さんには確か、ブリーフ学会の七回か八回大会だったかな来てもらったな。

森　沖縄や。

児島　沖縄だったかな。そしたらなんかの時に、いやこの学会、難しい理屈を言わないから楽しいねって。あれは最大の褒め言葉だよね。そのケースや発表とかってちゃんと残してるの？

森　このケースは動画も残ってる。動画で見られるのはぜんぜん違うよね。

児島　違う。

森　勉強に一番なる。自分は何をやっているのか一度画像で見ることはすごい大事なことだね。

それで話を戻すと、山田先生に連れて行かされて、その時点で介入するのが頭の中で浮かんでいたから、これでやろうって思って、わかりました引き受けますと。どうせやから三人いっぺんに治しましょうって返事した。そして初回の時に治療契約を結ぶでしょう。そのときにクライエントさんととりあえず月一回を三カ月やろうと。それで何にもいい変化が起こっていなかったら意味がないからやめようと。でもちょっとでも起こっていたら、変化がどうなるか確認してから終了したいので継続しようという契約をした。とにかくどっちかで、とりあえず三カ月やってみましょうと。そして三カ月後、一応全員解決した。初回は課題はなかったけれど、二回目で出した課題は亡くなったお父さんの奥にしまってある写真を仏間から出してきて、食卓の上にお父さんの写真を飾ってと。最初はどの写真を飾るかでいろいろ意見が割れたけれど、なんか落ち着きそうやということでその写真を飾ってもらって。そしてお母さんはみんな家族が寝静まった後、五分でもいいから、そのご主人の写真と何かお話して、どんな話でもええから、という課題を出した。そしたら翌月来た時、一番難しそうだった長男、私のセッションには妹とお母さんだけが参加していたけれど、そのセッションに参加していない長男の精神病性の幼児性退行性の問題行動が全部解決した。薬も飲むようになったし、外に出てもヘンな行動とらなくなって、家の中での暴力行為もなくなって、わりときれいにまず消えたかな。

児島　ほう。

森　次の回に報告されたのが、お母さんの体調がよくなった。その次の回に報告されたのが、担任の先生が自宅によく訪問してくれるようになって、妹と担任と二人でいろいろ話してるみたいなんですという報告があった。その次に電話がかかってきて、四月から学年が上がってうまく行き始めましたって言って、クラスでもリーダーみたいな感じで、元気にやっていますって。一応、公約通りになった。

そのケースは私にとってはメモリアルなケースやな。ブリーフの学会に対しては、当時私は、今でもそうだけれど家族療法というのがあんまり好きではないんだけれども、遅れてやってきた私ですが、できるよってね（笑）。

児島　（笑）僕も家族療法というの、言葉自体がダメで、それはいろんな機会に言ってきたし、それでいったんあのブランド力がついちゃうとどうにもこうにもならない。それでということで、家族療法という名前はもうやめよう、なんてことを書いたことがある。二〇一四年の家族療法学会神戸大会でのメインシンポジウムは、反語的なんだけれど家族療法が化石になるときっていうのをやってくれた（笑）。今のこのケース、家族療法という言葉は使いたくないけれど、まったく何の違和感もないよね。でもこういう形の家族とのセッションもけっこうあるでしょう。本人いなくて、ＩＰもいなくてというのも。

森　このケースでも、本人はセッションに参加していない。セッションに参加していない家族メンバーが真っ先に変わるというのはよくある話なんですよ、という話をセッションの中でやってる。それはやっていていつも面白いなと思う。来てないのが変わるのは別にいいねん。でもなんで真っ先に変わるのってね（笑）。

児島　来てないのに。

森　それはいつもやっていて不思議やね。

児島　それはやっぱり，僕が家族療法学会の評議員だから言うわけじゃないけれど，やはり家族療法的な，ＩＰだろうがそうでなかろうが，その場にいない家族のメンバーというのを，あたかもそこにいるかのようにして場面を構成するからだよね。個人面接だって，悩みの大半は七，八割は関係やん（笑）。悩みがわかってくれないみたいなヤツだからさ。だからそこにいなくても，そこにいるかのように扱うのは，僕らにしたら当たり前の話。でもみんなは，そんなはずはないと言うんだよね（笑）。

児島達美（こじま・たつみ）　長崎生まれ福岡育ち。長崎純心大学人文学部人間心理学科，同大学院臨床心理学分野教授。長崎純心大学地域連携センター所長。上智大学大学院教育学専攻博士課程修了。九州大学医学部附属病院心療内科助手，三菱重工長崎造船所メンタルヘルスサービス室長を経て，二〇〇〇年より現職。主な著書に「心理臨床学の冒険」（共著，星和書店），「可能性としての心理療法」（金剛出版），「家族療法テキストブック」（共著，金剛出版），「ディスコースとしての心理療法」（遠見書房）。

森（左）・児島（右）　2015/2/4

あとがき――「職業　森俊夫」を生きる

元永拓郎（帝京大学）

生前追悼という舞台が跳ねて、私の頭に浮かんだことは、森俊夫先生は、心理臨床家という職業や大学教員という人生の役を演じたのではなく、森俊夫という職業を演じきったという思いでした。（森先生、寺山修司のパクリですみません。）

この世のあらゆる職業は、森先生にとってはいくばくか物足りなかったのかもしれません。ただ演劇と精神的病を持つ人の語りは、理屈抜きで魅力的だったのでしょう。ユニークなそして稀有な感性と独特の存在感によって、サイコセラピー界に大きな刺激をもたらした、「森俊夫」を生き抜いた先生に、改めてありがとう、そしておつかれさまと語りかけたいと思います。サイコセラピーの世界に後に続いて足を突っ込んだものとして、よい舞台を垣間見ました。というよりこの世の現実が舞台であることに遅ればせながら気づかされて、あっけにとられているところです。

森先生が、神田橋條治先生の型破りなアプローチに魅せられ、J・ヘイリーの戦略的心理療法の本に出会い、米国はアリゾナ州のエリクソン財団の自由さにひかれ、ブリーフサイコセラピー研究会（当時）に参加し、黒沢幸子先生とKIDSを立ち上げる、その目まぐるしいダイナミックな動きに、既存の価値にとらわれず、変化のタイミングを逃さず、本物をめざして躍動する、何かを追及して生きる醍醐味のお手本を感じました。あのワクワク感を、私は今でもなつかしく思い出します。私の人生においても、おもしろい変化に富んだ大切な時期のひとつです。

サイコセラピーには、先人たちが見出してきたさまざまな知恵を学びながらも、さまざまな形があってよいと思います。森先生は、いろんな人生があるからおもしろいんだというのが口癖でしたが、サイコセラピーにもいさまざまな形があってよいことを姿勢の中心に据え、きちんと治すこと、それもなるべくクライエントの時間的に経済的にも負担が少ない形でよい状態になるようかかわることを、追求し続けました。同じ時代に、同じく効果的なサイコセラピーを大胆に目指すブリーフサイコセラピー学会の諸先生、後進の先生達にも恵まれ、大きな舞台を担いました。

サイコセラピーの本質とは何かという難問に関して、いくつかのキーワードを対談の中で語っています。ジョイニング、コンフュージョン、ユーティライゼイション、外在化、これらの言葉は「森俊夫」から分離させてしまうとその輝きが減るような感じもするのだけれど、これらのカタカナの多い題がついた芝居の第1幕、第2幕……があるような錯覚にもなります。これらのキーワードも含めた「効果的なかかわり」については、諸先生がふれられていると思うので、私は「森俊夫」の舞台の中の、サイコセラピー以外のいくつかについて簡単にふれたいと思います。それはコミュニティと健康、そして評価についてです。

八丈島や駿台予備学校での実践活動について語られている通り、森先生の臨床は、コミュニティ全体を常に意識するものでした。一対一の間で生じるトランスといった細かな視点から、地域社会や学校コミュニティを大きく見渡す視点に、一気に展開する。この視点の焦点化と拡大化のダイナミックさが、森臨床の醍醐味であると私は思います。

つまり、コミュニティにまかせられることはまかせ、サイコセラピーの関与は最小限にし、まかせることのできるコミュニティを耕し、コミュニティの力を最大限に発揮していけるようなサイコセラピーをめざしたということです。効果的なサイコセラピーとコミュニティアプローチとは、どちらも主役でありわき役であり、お互いが並び立つことで効果が最大となると言えるでしょう。

また森先生のコミュニティ臨床をささえる基本的思想に、先ほども少しふれましたが、「いろんな人がいるからおもろい」ということがありました。つまり徹底した多様性（ダイバーシティ）への寄り添いです。個性的な人への好奇心も人一倍で、個性あふれる人が現れるととても喜んでいました。どんなに難しいクライエントに対しても、愛情や親しみを持ってかかわる、それは森臨床の根幹だったと思います。これがあるからこそ、やや冒険的なひやひやするようなアプローチであっても、その効果を発揮したのだと感じます。

対談の中でモノローグとダイアローグという話もありましたが、森先生は距離が遠いようにみえて、一方でとても人懐こかったり、時としてドキリとする鋭い問いを投げてきたり、そのうちにぐっと引き込まれてしまったり。まあ自分に正直な人でしたし、コミュニティの中での啓発活動（講演）も、とにかく上手だった。自らの中にある多様性を、鋭く刺激的にわかりやすく周囲の人々に見せました。それは外在化とも表現できるし、演劇でもあったのでしょうが、講演も森先生の手にかかれば、先生自らの多様性の表出の場でした。

多様性への愛情と言えば、精神疾患や気質など「健康でないこと」についても、よく考えていました。生物学的基盤がある事柄への信頼は厚く、既存のサイコセラピーのあいまいさや現実離れした思考への異議をよく語っていました。サイコセラピーの効果をどうわかりやすく記述し検証するかについて、強い問題意識を持っていました。数字で明確に効果が評価されることへの大きな関心があり、数字ではっきりさせることが好きだったと思います。

効果の明確化の追求も、数字での表現も、自らの中で起きていることを徹底して外部に取り出す、その営みと同質だったようにも思います。ですから、森先生の中では、数字、効果的、外在化、演劇、生物学、精神疾患、コミュニティという概念が、みごとに一直線上に並び一貫していると感じます。これらは文化や学問の概念の枠を超えた、森先生独自の発想でした。

一方でサイコセラピーの評価について、単なるスケールや印象評価などで行われることの限界にも森先生は気づいていました。そして、面接の録画などを用いすべてのかかわりをオープンにすることで、評価のあり方を深めていこうと挑戦していました。これは、人と人とのかかわりの多様性についての深い理解があるからこそであると同時に、自らを徹底して外部にさらしていく、演劇的とも徹底した外在化とも言える姿勢であり、多様性を愛し、コミュニティにまかせるその思いの表出でもあったのでしょう。この三部作も、まさにこの表出のひとつの結晶にほかなりません。

精神健康、コミュニティ、サイコセラピー、効果評価といった学問そして臨床の舞台を駆け抜け、「森俊夫」を職業として生きぬいた先生に、重ねて心からの感謝の拍手を送りたいと思います。森俊夫の人生の舞台は、確かに私たちの心の中で続いています。

森　俊夫（もり・としお）
東京大学大学院医学系研究科精神保健学分野助教。KIDS カウンセリング・システム スーパーバイザー。1981 年 東京大学医学部保健学科卒業。1988 年 東京大学大学院医学系研究科保健学専攻（精神衛生学）博士課程修了後、現職。博士（保健学）、臨床心理士。専門はコミュニティ・メンタルヘルス、ブリーフセラピー、発達障害への対応。2015 年逝去

黒沢幸子（くろさわ・さちこ）
目白大学人間学部心理カウンセリング学科／同大学院心理学研究科臨床心理学専攻特任教授。KIDS カウンセリング・システム チーフコンサルタント。1983年 上智大学大学院文学研究科教育学専攻心理学コース博士前期課程修了。臨床心理士。専門はスクールカウンセリング、思春期青年期への心理臨床、保護者支援、解決志向ブリーフセラピー。

森俊夫《もりとしお》ブリーフセラピー文庫《ぶんこ》②
効果的《こうかてき》な心理《しんり》面接《めんせつ》のために
サイコセラピーをめぐる対話集

2017 年 2 月 1 日　第 1 刷
2024 年 11 月 1 日　第 3 刷

著　者　森《もり》　俊《とし》夫《お》・黒《くろ》沢《さわ》幸《さち》子《こ》ほか
発行人　山内俊介
発行所　遠見書房

〒 181-0001 東京都三鷹市井の頭 2-28-16
株式会社　遠見書房
TEL 0422-26-6711　FAX 050-3488-3894
tomi@tomishobo.com　http://tomishobo.com
遠見書房の書店　https://tomishobo.stores.jp

遠見書房

ISBN978-4-86616-017-7　C3011